Essam Khalil

# 100 Jahre –
# Ein Leben für IHN

## Das Leben von Heleen Voorhoeve

Essam Khalil

# 100 Jahre –
# Ein Leben für IHN

## Das Leben von Heleen Voorhoeve

CSV
Christliche Schriftenverbreitung
Postfach 10 01 53, 42490 Hückeswagen

1. Auflage 2014


Übersetzt aus dem Englischen: Carl-David Heinemann
Satz und Layout: Christliche Schriftenverbreitung
Druck: CPI – Ebner & Spiegel, Ulm

ISBN: 978-3-89287-662-5

www.csv-verlag.de

# Inhalt

# Vorwort zur deutschen Auflage

Nachdem die Biografie über Heleen Voorhoeve bereits auf Arabisch, Englisch und Niederländisch vorliegt, freuen wir uns, sie auch dem deutschen Leser anbieten zu können. Es ist unser Wunsch, dass das Leben dieser hingebungsvollen Christin dazu motiviert, „überströmend zu sein in dem Werk des Herrn" (1. Kor 15,58).

Essam Khalil, der Autor dieses Buches, schrieb die Biografie ursprünglich in Arabisch. Die deutsche Übersetzung beruht auf der englischen Fassung. Hier und da wurden Fußnoten ergänzt, die dem deutschen Leser helfen sollen, historische Zusammenhänge und Gewohnheiten in Ägypten besser zu verstehen.

Da Heleen Voorhoeve aus einer bekannten Familie stammt, sind im Anhang zwei Kurzbiografien über den Vater Johannes Nicolaas und den Großvater Hermanus Cornelis eingefügt. Sie bieten einen Einblick in eine Erweckungszeit, die im 19. Jahrhundert ihren Anfang nahm.

In dieser Zeit lernten viele Gläubige durch das sorgfältige Lesen des Wortes Gottes und durch gute Bibelauslegungen Gottes Gedanken über seine Versammlung (Gemeinde, Kirche) kennen. Sie verließen ihre kirchlichen Organisationen und versammelten sich einfach als Brüder und Schwestern im Namen des Herrn Jesus. Oft wurden sie deshalb als „Die Brüder“ bezeichnet. Wenn der Begriff in diesem Buch so verwendet wird, steht er in Anführungszeichen. Wir möchten jedoch betonen, dass alle Kinder Gottes unterschiedslos Brüder und Schwestern in Christus sind.

Unser herzlicher Dank gilt Essam Khalil, der der Verbreitung dieses Buches im deutschsprachigen Raum zugestimmt hat, sowie den Geschwistern, die an der Übersetzung beteiligt waren.

Wir befehlen dieses Buch und alle Leser dem an, der die Seinen gern gebraucht, um sich zu verherrlichen.

*Hückeswagen, im Februar 2014*

# Vorwort

Als ich vor über zehn Jahren auf dem Weg nach Tema in Oberägypten war, wo Schwester Heleen lebt, erreichte mich die Nachricht: „El Sett (= die Lady) wird nicht mit dir sprechen, du kannst wieder umkehren!" Ich war in einer besonderen Mission unterwegs: Ich wollte ein Interview mit „Miss Heleen Voorhoeve" führen, das in der Zeitschrift „Message of the Christian Youth" erscheinen sollte - und zwar unter der Rubrik „Gespräche mit alten Jüngern". Ziel war es, den Jugendlichen aus dem Leben und von den Erfahrungen verschiedener Diener des Herrn zu berichten. Aber Schwester Voorhoeve, oder „El Sett" (= die Lady), wie sie in Ägypten nur genannt wird, lehnte es schlichtweg ab, mir ein Interview zu geben. Sie wollte nichts veröffentlicht sehen, was in irgendeiner Weise auf sie verwies oder ihr eine besondere Ehre zubilligte. Sie war und ist überzeugt davon, dass die Ehre in *allem* allein dem Herrn gebührt.

Ich antwortete dem Überbringer der Nachricht: „Wir sollten darüber reden. Ich bin auf dem Weg." Nachdem ich angekommen war, traf ich „El Sett", vor der ich größten Respekt habe und mit der ich durch meine zeitweisen Dienste an der Schule und ihre kontinuierliche, entschiedene Unterstützung der Zeitschrift „Toward the Mark" eine gute Beziehung pflege. Ich verbrachte einige Zeit damit, sie erst einmal davon zu überzeugen, dass unserem Wunsch, ein Interview mit ihr zu veröffentlichen, nicht die Absicht zugrunde lag, eine Person zu verherrlichen, sondern auf den Herrn hinzuweisen. Wir wollten herausstellen, dass Ihm allein Ehre gebührt für die Art und Weise, in der Er durch seine Diener wirkt, im Besonderen durch solche, die ein ganzes Leben lang mit Ihm gelebt haben. So sollten durch dieses Interview viele Jugendliche, die ihren Weg mit dem Herrn begannen, gesegnet und gestärkt werden. Unser Gespräch dauerte schließlich zweieinhalb Stunden.

Ich hatte natürlich erwartet, viel darüber zu hören, wie der Herr in diesem und durch dieses Gefäß gewirkt hatte, aber ich muss zugeben, dass das, was ich dann wirklich an diesem Tag zu hören bekam, meine Erwartungen bei weitem übertraf. Es hinterließ bei mir bis zum heutigen Tage einen tiefen Eindruck und vermittelte mir Lektionen, die ich nicht so schnell vergessen werde.

Am Ende unserer Unterhaltung fragte ich Heleen, ob sie plane, ihr Leben in einer Autobiografie zu beschreiben. Etwas verärgert antworte sie mir sofort: „Nie! Niemals!“ Ich lächelte. Schlussendlich habe ich mich durch ihre Zurückweisung nicht aufhalten lassen und dieses Buch geschrieben.

Die Jahre sind vergangen und Heleen Voorhoeve hat ihren 100. Geburtstag erreicht, gleichzeitig das 75. Jahr ihres Dienstes in Ägypten.

Diverse Glaubensbrüder begrüßten das Vorhaben, die Erfahrungen eines solchen Lebens zum Nutzen vieler niederzuschreiben, und ich wurde gebeten, diese nicht ganz einfache Aufgabe zu übernehmen. Ich empfinde sie deshalb als nicht einfach, weil es sich um eine Biografie handelt und vor allem weil es dabei um eine Person geht, die großen Einfluss auf so viele Menschen hatte. Zudem ist es eine Geschichte, die sich über 100 Jahre erstreckt. Man bedenke: In der Bibel finden wir Menschen, die Hunderte von Jahren lebten, deren Leben aber lediglich mit ein paar Worten beschrieben wird (1. Mo 5). Gleichwohl ist das Leben dieser tüchtigen Schwester voller Ereignisse und Lektionen, die es zum Nutzen der Leser zu erzählen gilt. Wie schwierig ist es allerdings, über Ereignisse zu schreiben, die man selbst nicht miterlebt hat!

Die größte Herausforderung war der Mangel an Quellen, aus welchen Informationen bezogen werden konnten. Alles, was verfügbar war, sind das oben genannte Interview mit ihr sowie ein weiteres Interview mit dem „Electronic Philadelphia Magazine“ und fünf Tonbandaufnahmen mit der Stimme von „El Sett“ selbst. Darüber hinaus finden sich ein paar Zeilen über die Geschichte der „Brüder“ in Ägypten in den Archiven von „Bethel“. Außerdem gibt es ein kleines Büchlein, geschrieben von Schwester Heleens Mutter, in dem sie den Besuch bei ihrer Tochter in Ägypten beschreibt. Schließlich gab es noch Augenzeugen von einigen Ereignissen. Nur ganz wenig konnte im Internet gefunden werden.

## Ziel des Buches

Ich habe mich bemüht, dieses Buch in Form einer Geschichte zu schreiben, um es für alle Arten von Lesern leicht lesbar zu machen, auch für solche, die vielleicht sonst nicht so viel lesen. Am Ende des Buches ist eine Sammlung von einigen Bildern in chronologischer Reihenfolge eingefügt.

Aber das Ziel dieses Buches besteht nicht darin, nur eine schöne Geschichte zu erzählen! Mein Gebet ist, dass jeder Leser geistliche Lektionen erkennt, dass sie sich in seinem Inneren festsetzen und dadurch sein Leben verändert wird.

Ich bete dafür, dass

- ein junger Christ, der diese Geschichte liest, erkennt, wo die großen Lebensentscheidungen ihren Ausgangspunkt haben. Diese Entscheidungen bestimmen, wie man sein Leben verbringt, und definieren den Wert und Sinn eines solchen Lebens.

- ein Diener des Herrn, ob Mann oder Frau, diese Geschichte liest und einen tieferen Sinn in seinem Dienst erkennt: Hingabe, Selbstaufopferung und Ehre für den Herrn.

- Väter oder Mütter diese Geschichte lesen und wissen, welche Saat sie in ihre Kinder säen und wie sie in ihr Leben investieren sollen – die beste Investition, die es gibt und die am Ende wirklich bestehen bleiben wird.

- ein älterer Christ, der diese Geschichte liest, dadurch ermutigt wird und erkennt, wie auch der letzte Teil des Lebens Frucht für Gott bringen kann, wenn er in der Nähe des Herrn verbracht wird.

Ich wünsche mir, dass wir alle dieses Buch lesen, um ein Leben in der Gunst des Herrn zu führen!

## Danksagungen

Nicht nur aus der Pflicht heraus, sondern in ehrlicher, tiefer, herzlicher Anerkennung möchte ich zuerst meinem allmächtigen Gott danken. Ohne seine Hilfe wäre dieses Buch nicht entstanden.

Dank sei auch den Brüdern, die mich mit dem Auftrag für dieses Buch geehrt haben. Ich habe dieses Werk gern getan und persönlich sehr davon profitiert.

Dank sei auch meinem Bruder Youssef Riad, nicht nur für seine Mühe und Arbeit, dieses Buch durchzusehen und für seine Ratschläge, sondern generell für seine Liebe und beständige Hilfe, seit wir uns kennen.

Ein Dankeschön für ihre Beiträge an alle, die in der „Schule des Lichts" arbeiten.

Dank sei auch jedem, der auf irgendeine Weise dazu beigetragen hat, dass dieses Buch erscheinen konnte. Besonders hervorheben möchte ich diejenigen, die beim „Brethren Printing Shop" und bei „Believers Bookshelf" arbeiten.

Und schließlich möchte ich dir, dem Leser, danken, dass du deine kostbare Zeit opferst, dieses Buch zu lesen, und jeden Fehler und Mangel meinerseits erträgst.

Am Ende übergebe ich dieses Buch in die Hände des gnädigen Meisters, um es dort zu seiner Ehre und Herrlichkeit zu gebrauchen, wo Er es möchte, und um in vielen Herzen den ernsten Wunsch wachzurufen, ein Leben nach *seinem* Willen zu führen.

*Essam Khalil, Kairo im April 2012*

# Erinnerungs-fotos

## Informationen über Ägypten

Für solche, die nur wenig von Ägypten kennen, haben wir eine entsprechende Landkarte eingefügt aus der hervorgeht, wo die Städte und Dörfer liegen, die in diesem Buch erwähnt werden. Kennzeichnend für dieses quadratförmige Land, dessen Fläche knapp dreimal so groß ist wie Deutschland, ist der Nil. Nur etwa 5,5 Prozent der Landesfläche ist bebaubar, der Rest ist Wüste. Die Bevölkerung Ägyptens von rund 80 Millionen Menschen siedelt primär im Niltal, im Nildelta und am Sueskanal. Außerdem gibt es noch einige Städte an der Mittelmeerküste und am Roten Meer. Tema, wo Heleen Voorhoeve tätig war und heute noch lebt, liegt ca. 400 Kilometer südlich von Kairo im Niltal.

Ägypten wird allgemein grob eingeteilt in Ober- und Unterägypten. Oberägypten liegt im Süden. Es beginnt südlich von Kairo und geht etwa bis Assuan, einem Ort, der durch den Staudamm („Assuan-Hochdamm") des riesigen Nassersees berühmt geworden ist. Unterägypten liegt im Norden des Landes und schließt das Nildelta ein. Dort mündet der längste Fluss der Erde (6852 km) ins Mittelmeer. Dieses Gebiet gehört zu dem fruchtbarsten Teil des Landes.

*Landkarte von Ägypten*

# Kapitel 1

## Wie die Geschichte ihren Anfang nahm

Die Stadt Den Haag liegt im Süden der Niederlande. Ihre Ursprünge gehen auf das 11. Jahrhundert zurück. Obwohl Den Haag nicht die Hauptstadt und auch nur die drittgrößte Stadt der Niederlande ist, befinden sich hier die Residenz des Königs, das Parlament, die Regierung, der Internationale Gerichtshof und viele weitere internationale Institutionen. Im Zentrum dieser bedeutenden Stadt gibt es ein wunderschönes, geräumiges altes Haus, von der niederländischen Regierung unter Denkmalschutz gestellt: Dunne Bierkade 17. Hier beginnt unsere Geschichte.

*Elternhaus*

Das Haus war voller Lärm – nicht nur, weil die Familie in diesem Haus ein Baby erwartete, sondern auch, weil es gerade renoviert wurde und allerlei andere Arbeiten erledigt werden mussten. Später mischte sich in diesen Lärm dann die Stimme des Neugeborenen. Es war eine sehr lebendige Persönlichkeit, immer am Plappern und in Bewegung.

Der Vater, Johannes Nicolaas Voorhoeve, hatte viele Erinnerungen an dieses Haus, in dem er selbst schon seit seiner Kindheit lebte (zunächst mit seinen Eltern und seinen elf Geschwistern).

Direkt neben dem Haus war ein christlicher Buchladen, gegründet von seinem Vater Hermanus Cornelis Voorhoeve, einem Prediger des Evangeliums, der zu der ersten Generation der „Brüder" in Holland gehört hatte. Er lebte in der zweiten Hälfte des 19. Jahrhunderts und war ein Zeitgenosse John Nelson Darbys.

Der Raum, in dem die Zusammenkünfte der Gläubigen stattfanden, war direkt neben dem Buchladen, einem einfachen, aber zweckmäßigen Gebäude. Man gelangte entweder von vorn über die Straße dorthin oder durch den Garten von Familie Voorhoeve. Durch diese Umstände hatte die Versammlung Gottes einen besonderen Platz im Herzen und Leben der Familie, die über Generationen hinweg in diesem Haus wohnte.

In diesem Umfeld lebten Johannes und seine Kinder nach ihm – zwischen christlichen Versammlungen, Zuhause und dem christlichen Verlag und Buchhandel der Voorhoeves. Johannes nahm schon in jungen Jahren den Herrn als seinen persönlichen Retter an und wurde später ein Diener des Herrn, der ohne irdischen Beruf seine Zeit ganz dem Herrn zur Verfügung stellte. Er folgte damit den Fußstapfen seines Vaters, der 1901 heimgegangen war: Er lebte im selben Haus, besuchte dieselben Versammlungsstunden und leitete denselben Buchladen. Ebenso setzte er die Herausgabe einer wöchentlich erscheinenden Zeitschrift fort, die eine weite Verbreitung gefunden hatte und vielen zum Segen wurde.

Im September 1902 heiratete Johannes seine Cousine Elizabeth van Oordt. Zu Beginn unserer Geschichte hatten sie bereits fünf Kinder: drei Mädchen und zwei Jungen, das älteste Kind neun, das jüngste Kind erst zwei Jahre alt. Am 11. April 1912 war es dann soweit: Das sechste Kind der Familie erblickte das Licht der Welt.[1]

Als schließlich in jenem April des Jahres 1912 der Schrei des neuen Babys im Haus Voorhoeve zu hören war, nahm der Geräuschpegel zu – und auch die Freude. Selbst das Hauspersonal freute sich mit, da

1 Um sich klarzumachen, aus welcher Zeit Heleen stammt, sollte man sich andere Geschehnisse aus dieser Zeit vor Augen führen: Vier Tage nach Heleens Geburt sank die Titanic und in vielen Staaten Europas regierten noch mehr oder weniger absolute Monarchen. Ihr späterer Wirkungsort Ägypten war zu dieser Zeit noch eine englische Kolonie.

sie durch die freundliche, von Christi Liebe geprägte Behandlung, die sie im Haus erfuhren, das Gefühl hatten, selbst mit zur Familie zu gehören.

So wurde an jenem Apriltag der Name „Helena Voorhoeve“ von einer irdischen Behörde neu registriert. Später wurde daraus der Rufname „Heleen“. Dem Gott des Himmels war dieses Menschenkind allerdings schon lange zuvor bekannt und Er hatte einen großen Plan für die Trägerin dieses Namens.

## Ein lebhaftes Kind

Heleen war mit ihren blauen Augen und ihrem ausdrucksstarken Lächeln ein ausgesprochen hübsches Kind. Sie war klein und hatte ein schmales Gesicht. Sobald sie laufen gelernt hatte, konnte sie niemand mehr aufhalten und das ganze Haus war ihretwegen ständig in Bewegung.

Noch vor ihrem zweiten Geburtstag begann der Erste Weltkrieg. Es war ein furchtbarer Krieg, der wie ein Buschfeuer ganz Europa bedeckte. Die menschlichen Lebensbedingungen sanken auf ein sehr niedriges Niveau, die allgemeine Gesundheit der Menschen nahm rapide ab und die Todesrate stieg enorm an.

Heleens Mutter musste mit ihrer Tochter oft zum Arzt, weil sie krank war. Die Frauen, die der Familie nahestanden, dachten, Heleen würde aufgrund ihrer schwächlichen Gesundheit nicht lange leben! Aber das waren die Meinungen von Menschen, Gott hatte einen anderen Plan. Jetzt, in diesem Moment, wenn ich diese Zeilen schreibe, hat dieses kränkliche Mädchen ihr 100. Lebensjahr vollendet. Gott hat sie als ein geheiligtes Gefäß zu seiner Ehre und zum Preise seiner Herrlichkeit gebraucht. Wie weit stehen seine Gedanken über unseren Gedanken (Jes 55,8.9)! Wie wertvoll sind uns diese Gedanken (Ps 139,17)! Wie groß sind seine Macht und die überragende Größe seiner Kraft an uns (Eph 1,19)! Egal, wie die Umstände sind oder was um uns herum geschieht oder wie die Menschen in unserem Umfeld uns sehen und was sie über uns sagen: Gott kann seinen guten Willen in uns erfüllen. Wie großartig ist das!

## Die glückliche Familie ist komplett

Im Lauf der Jahre kamen noch ein weiterer Sohn und eine weitere Tochter zur Familie hinzu und mit den Eltern, fünf Töchtern und drei Söhnen war die Familie dann vollständig. Es war im wahrsten Sinn des Wortes eine glückliche Familie: Die Eltern liebten das Wort Gottes und brachten ihren Kindern wiederum bei, dieses Wort ebenso zu lieben und zu respektieren. Echte, christliche Liebe verband sie miteinander. Sie bildeten eine enge Gemeinschaft, in der jeder überzeugt war, dass es eine wundervolle Sache war, einander zu helfen und zu dienen.

*Heleen und ihre Geschwister*

Die Kinder wurden maßgeblich von ihren Eltern geprägt. Vater Johannes war nicht nur ein Prediger des Evangeliums, sondern er war auch ein gutes Beispiel für jemand, der das Wort Gottes auf sein tägliches Leben anwendete und auch die kleinen Dinge des Lebens unter das Urteil der Bibel stellte. Er war weise – sowohl in seinem Verhalten als auch in seinen Worten. Und obwohl die Mutter aus einer reichen, aristokratischen Familie (van Oordt) kam, war sie ein Vorbild an Demut, Ausdauer und Geduld. In ihrer gastfreundlichen und großzügigen Art sorgte sie während der langen Reisen ihres Mannes, die er oft unternahm, um das Wort Gottes zu predigen, für das Haus und für ihre Kinder. So war die gottesfürchtige Erziehung, die Heleen erhielt, das beste Erbe, das ihre Eltern ihr mitgeben konnten. Dieses Erbe begleitete sie ihr ganzes Leben und lenkte ihre Gedanken und ihr Verhalten. Während sie heranwuchs, lernte sie, das Wort Gottes zu lieben und Bedrängnis als ein guter „Soldat Christi“ zu ertragen. Sie war eine weise und geduldige Begleiterin der Gläubigen. Wie wichtig ist die Rolle, die gottesfürchtige Eltern im Leben ihrer Kinder spielen!

Heleen wuchs heran und ihre Beschäftigungen nahmen stetig zu. Sie besaß eine rasche Auffassungsgabe. Wann immer eines ihrer Geschwister etwas Neues lernte, lernte sie es gleich mit. So lernte sie schon in jungen Jahren zu tischlern, zu musizieren, Dinge selbst zu reparieren, mit Elektrik umzugehen und viele andere Dinge. Es mag so manchen verwundert haben, dass ein Mädchen, das in einem solchen Haushalt groß wurde, sich mit all diesen Dingen auskannte. Aber Gott bereitete sie darauf vor, diese Fähigkeiten an einem Ort zu gebrauchen, der weit von ihrem früheren Zuhause entfernt war und wo die Umstände völlig anders waren. Er beurteilt den Beginn vom Ende her (vgl. Jes 46,10). Er greift exakt in den richtigen Augenblicken in das Leben der Gläubigen ein, um sie zu *seiner* Zeit zu gebrauchen - zur Verherrlichung seines Namens.

## Erinnerungen an eine glückliche Kindheit

Heleen erinnerte sich später vor allem an ein großes Haus, in dem es sehr lebendig und geschäftig zuging. Sie liebte es, mit ihren Geschwistern zu spielen, und ihr gefielen die Arbeiter in ihren Uniformen. Heleen hat diese Erinnerungen an ihre Kindheit nie vergessen. Sie hatten große Auswirkungen auf ihr Leben, ihre Gedanken und ihren Dienst. Einen ähnlichen Einfluss auf ihr Leben hatten die Erinnerungen an die ständigen Besucher im Hause Voorhoeve, die auf dem Weg nach oder zurück von Holland waren –Diener des Herrn aus verschiedenen Ländern. Hier lernte sie, dass das Christentum alle Grenzen irdischer Nationalitäten überwindet, ja, dass es auch die Grenzen von Raum und Zeit durchbricht.

Sie erinnerte sich auch an die Sommertage, die sie in einem Ferienhaus verbringen konnten, das ihre Großmutter mütterlicherseits ihnen hinterlassen hatte, als sie heimging. Dort spielte sie mit ihren Geschwistern und lauschte den Geschichten, die ihre älteren Geschwister ihr erzählten. Sie erzählten von ihrem Großvater mütterlicherseits, der in einem großen, wunderbaren Haus gelebt hatte. Heleen hatte ihn nie kennengelernt. Er ging heim, bevor sie das Licht der Welt erblickte. Sie erinnerte sich jedoch daran, dass ihre Mutter ihnen von den Ratschlägen erzählte, die ihr Großvater seinen Kindern auf dem Sterbebett gegeben hatte. Sie sollten sich gemeinsam um ihre Mutter und um den Haushalt kümmern. Er lehrte sie, dass jeder seinen Teil dazu beitragen konnte, um anderen eine Hilfe zu sein.

Heleen erinnerte sich auch an die Sonntagsschule, die damals eine andere Form hatte, als wir sie heute kennen. Zu jener Zeit kamen alle Altersgruppen zusammen, um gemeinsam Gottes Wort zu studieren, und manchmal gab es ein spezielles Programm für die Kleineren.

Immer noch hatte sie das Bild im Kopf, wie ihre Mutter ihr beim Anziehen hilft und sie und eines ihrer Geschwister mitnimmt, um Kranke zu besuchen und sich um Bedürftige zu kümmern, ob sie nun geistliche, körperliche oder finanzielle Probleme hatten. Das war der Dienst ihrer Mutter, die sich darum bemühte, ihre Kinder in diese Arbeit einzubeziehen. Und so säte diese fromme Frau in das Herz ihrer kleinen Tochter den Geist des Dienstes, die Liebe zum Geben und die Fürsorge für andere. Diese Dinge gingen mit Heleen, und sie wich auch nicht davon ab, als sie alt geworden war (Spr 22,6).

*Familie Voorhoeve*

# Kapitel 2

## Das Heim wird erschüttert

Heleen wurde älter und kam in die Grundschule. Schon bald hatte sie sich dort eingewöhnt, so wie in jeder Situation, in der sie sich wiederfand. Trotz ihrer geringen Körpergröße machte sie bald durch ihre exzellenten Noten, ihre einzigartige Lernfähigkeit und ihre andauernde Lebhaftigkeit auf sich aufmerksam.

Das Leben dieser glücklichen Familie verlief in normalen Bahnen und bewegte sich zwischen dem Wort Gottes, den Versammlungsstunden und den Gästen, die immer mal wieder zu Besuch in diesem Haus waren und Interesse an den Dingen des Herrn hatten. Die Gespräche drehten sich um verschiedene Arbeitsgebiete im Werk des Herrn in Holland, Europa und in vielen weiteren Teilen der Welt, von denen Heleen vorher noch nie etwas gehört hatte. Das war die Atmosphäre, in der Heleen in diesen Jahren aufwuchs.

### Der große Schock

Eines Morgens im Jahr 1924 fiel Heleen und ihren jüngeren Geschwistern allerdings eine ungewöhnliche

Betriebsamkeit im Haus auf. Auf den Gesichtern der älteren Geschwister zeichneten sich Besorgnis und Verwirrung ab. Die Hausangestellten liefen umher und waren sehr damit beschäftigt, Koffer zu packen. Heleens Vater schien beschäftigter zu sein als sonst, und ihre Mutter gab dem Hauspersonal und den älteren Geschwistern verschiedene Anweisungen.

Heleen ließ die Geschehnisse der vergangenen Tage Revue passieren und erinnerte sich, dass ihre Mutter regelmäßig zu Ärzten gegangen war, dass sie immer recht blass ausgesehen hatte und ihr die Arbeiten, die sie sonst mit Leichtigkeit erledigte, große Mühe gemacht hatten. Was war geschehen? Die Antwort kam schon bald. Kurz und verwirrend hieß es: „Mutter verreist!" Warum nur?, fragte sich Helen. Es war doch gar nicht Urlaubszeit und normalerweise verreiste ihre Mutter doch auch nicht allein und ließ sie zurück. Und wohin fuhr sie überhaupt und für wie lange?

Schließlich erfuhr sie, dass ihre Mutter an Tuberkulose litt. Der Rat der Ärzte war gewesen, sie vom Rest der Familie zu isolieren, um eine Ausbreitung der Infektion zu verhindern. Sie würde an einen Ort reisen, der besser für die Behandlung geeignet war.

Heleen und ihre Geschwister, vor allem die jüngeren, waren geschockt, als sie diese Neuigkeiten hörten. Heleen hing sehr an ihrer Mutter, genoss ihre Liebe und Gesellschaft, ihre weisen Ratschläge und ihr Interesse an dem, was sie und ihre Geschwister bewegte. Sie fragte sich, wie die Dinge nun ohne ihre Mutter laufen würden. Wer würde sich um sie und ihre Geschwister kümmern? Wohin würde ihre Mutter gehen und war sie wirklich in Gefahr? Wann würde sie sie wiedersehen und würde sie sie überhaupt wiedersehen? Tausend Fragen schossen ihr durch den Kopf und sorgten dafür, dass ihre Sorge und Verwirrung nur noch größer wurden.

Nachdem ihre Mutter verreist war, kamen viele Leute - Familienmitglieder, Verwandte ihrer Mutter und ihres Vaters -, um sich abwechselnd um die kleinen Kinder zu kümmern. Das ersetzte die besondere Liebe ihrer Mutter zwar nicht, aber die Familie durfte erleben, dass mit der Zeit alle von einem besonderen Frieden erfüllt wurden. Sie lernten, Zeit mit Gebet zu verbringen - für ihre Mutter und im Hinblick auf ihre eigenen Umstände.

Im Laufe der Zeit durften kurze Besuche bei der Mutter gemacht werden. Es war ihr jedoch nicht erlaubt, ihre Kinder zu umarmen, wie sie es normalerweise tat. Diese Erfahrung hinterließ eine so große Traurigkeit in Heleens Herzen, dass sie nach über siebzig Jahren in unserem Gespräch immer noch zu spüren war!

Der Zustand von Heleens Mutter verschlechterte sich weiter und sie war dem Tode nah. Doch ungeachtet des seelischen Schmerzes, den Heleen empfand, war es eine Gelegenheit für sie, die Bedeutung von Gebetserhörungen durch den allmächtigen Gott zu

*Elizabeth Voorhoeve*

erfahren (Off 1,8). Ihrer Mutter ging es langsam besser, sie erlangte ihre Gesundheit zurück und lebte später noch viele Jahre bis zum hohen Alter von 92 Jahren.

Insgesamt war ihre Mutter für drei Jahre von der Familie getrennt. Diese drei Jahre vergingen nur langsam, waren aber voller Gewinn und Segen, die die Jahre überdauerten.

## Das wertvollste Geschenk

Aufgrund der Erkrankung ihrer Mutter schickte Heleens Vater sie auf eine christliche Mädchenschule. Diese hatte einen guten Einfluss auf sie und sie sammelte dort noch mehr Erfahrungen.

An ihrem 12. Geburtstag erhielt sie das wertvollste Geschenk, das ein Mensch nur bekommen kann: Ihr Vater sprach noch einmal mit ihr über die Errettung der Seele und ihre Beziehung zum Herrn Jesus, der sie geliebt hatte und am Kreuz an ihrer Stelle gestorben war, um sie von dem zweiten Tod zu erretten. Das Gespräch dauerte nicht lange. Heleen öffnete ihr Herz und nahm Christus als ihren persönlichen Erretter an. Ihr Vater betete für sie und anschließend betete Heleen selbst. Sie bat Gott um Vergebung und bat Ihn, doch in ihrem Herzen zu wohnen. Das war wirklich ein Tag, der Heleen in Erinnerung geblieben ist! Es war der Beginn ihrer Reise mit Christus, den sie als Herrn und Erretter angenommen hatte, und dem sie ihr ganzes Leben weihte.

## Weitere Erlebnisse

Aufgrund seiner vielen Reisen war ihr Vater gezwungen, die älteren fünf Kinder auf seinen Reisen mitzunehmen, sobald sie auf sich selbst aufpassen konnten. Heleen und ihre beiden jüngeren Geschwister musste er während seiner Abwesenheit der Obhut eines Kindermädchens überlassen. Nur widerwillig akzeptierte Heleen die Umstände, da sie über die gesamte Situation sehr unglücklich war. Sie war daran gewöhnt, ihre älteren Geschwister bei sich zu haben und mit ihnen gemeinsam etwas zu unternehmen.

Eines Tages bat sie ihren Vater, ihr doch zu erlauben, den Pfadfindern in der Schule beitreten zu dürfen, um über ihren Kummer hinwegzukommen. Ihrem Vater bereitete diese Bitte etwas Kopfzerbrechen, da seine Glaubensbrüder solche Freizeitaktivitäten nicht befürworteten. Er betete darüber. Schließlich konnte er sie überzeugen, die Sache als Ausgleich für die Situation zu sehen, in der sich Heleen befand. Außerdem konnte sie dort ihre überschüssige Energie sinnvoll einsetzen. Heleen lernte dort eine Menge: Selbstständigkeit, Ausdauer, Geduld, strukturiertes Organisieren sowie Handarbeit. Sie sammelte Erfahrungen in vielen Dingen, die ihr später in Ägypten eine große Hilfe waren. Vierzig Jahre später besuchte ein Bruder sie in Ägypten, der damals absolut dagegen gewesen war, ihr die Mitgliedschaft bei den Pfadfindern zu erlauben. Als er sie jedoch dort in der Schule in Ägypten besuchte und ihre Arbeit sah, sagte er: „Jetzt weiß ich, warum der Herr es zugelassen hat, dass du den Pfadfindern beigetreten bist!" Oft führt der Herr uns Wege, die etwas abseits des normalen und gewöhnlichen Laufs der Dinge liegen, um uns auf etwas in der Zukunft vorzubereiten. Wenn es dann so weit ist, erkennen wir die Dinge manchmal vielleicht im Rückblick.

## Frühreif

Als Heleen 15 Jahre alt wurde, machte ihr geistliches Wachstum einen Sprung nach vorn, was sich darin zeigte, dass sie regelmäßig und ausdauernd in der Bibel las und die Versammlungsstunden besuchte. Die Verantwortlichen für die Sonntagsschule baten sie, doch in diesen Dienst mit einzusteigen, um einige Verwaltungsaufgaben zu übernehmen. Im Laufe der Zeit wurden ihr dann immer mehr Aufgaben in diesem Bereich übertragen.

Im Jahr 1929 gab Heleen den Anstoß dazu, ein christliches Zeltlager für Mädchen ins Leben zu rufen. Während der Sommerferien sollten die Mädchen Gottes Wort besser kennenlernen und in verschiedene Aktivitäten einbezogen werden. Solche Freizeiten waren damals in Europa nicht bekannt, auch nicht für die Jungen. Helens Vater, der sich von dieser Idee überzeugen ließ, aber zunächst bei vielen auf Widerstand stieß, gelang es mit seiner weisen Art, auch seine Glaubensbrüder für diese Freizeiten zu erwärmen. Obwohl das Campen schwierig und anstrengend war, fieberten die Mädchen von Jahr zu Jahr diesen Lagern entgegen, wo sie einander und den Herrn besser kennenlernten. Trotz ihres jungen Alters von erst 17 Jahren hatte Heleen die Aufsicht über eines der Zelte, in dem teilweise auch ältere Mädchen untergebracht waren. So engagierte sie sich schon in jungen Jahren für das Werk des Herrn.

*Geschwister Vorhoeve*

# Kapitel 3

## Eine Sehnsucht wird geweckt

Heleen wuchs heran und war es gewohnt, von dem Werk des Herrn in verschiedenen Ländern zu hören. In ihrem Zuhause wurden immer die Diener des Herrn und Missionare untergebracht, die auf der Durchreise in Holland Station machten. Und in der Regel sprachen sie dann beim Abendessen über das Werk des Herrn in nah und fern. Im Laufe der Zeit begann Heleen, ein besonderes Interesse für diese Berichte zu entwickeln, und spürte, wie eine besondere Sehnsucht in ihrem Herzen geweckt wurde. Sie wollte mehr über die Mission und die Missionsarbeit wissen. Da sie viel über Länder wie China und die Arbeit, die dort geschah, hörte, begann sie schon bald, dafür zu beten. Sie bat den Herrn, sein Werk in diesen Ländern zu segnen, die Missionare dort zu bewahren und ihre Bedürfnisse zu erfüllen.

### Die ersten Zeichen

Eines Tages kam ein besonderer Gast ins Haus Voorhoeve. Er war im mittleren Alter und hatte eine dunkle Haut und eine sanfte Stimme. Seine Gedanken konnte er sehr gut artikulieren. Dieser Mann sprach über das Werk des Herrn in einem Land namens „Ägypten“.

Als Heleen damals nach dem Namen dieses Mannes fragte, hätte sie sich noch nicht vorstellen können, dass er später einmal eine bedeutende Rolle in ihrem Dienst haben und sie bis zu seinem Heimgang unterstützen würde. Dieser Mann war Bruder Matta Behnam, ein Prediger des Evangeliums. An diesem Tag spürte sie ein besonderes Interesse an diesem Land Ägypten, auch wenn sie es noch nicht näher beschreiben konnte.

Von diesem Tag an verfolgte sie mit regem Interesse alle Nachrichten, die aus Ägypten kamen. Sie erkundigte sich, welche Brüder und Schwestern dem Herrn dort dienten, in welchen Lebensverhältnissen die Menschen lebten, und drängte ihren Vater, das Land doch einmal zu besuchen. Zudem besuchte in jener Zeit noch eine weitere Gruppe holländischer Brüder Ägypten, um einen besseren Einblick in das Werk dort zu bekommen.

## Ein tiefer Wunsch

Im Laufe des Jahres 1929 wurde eines Abends nach der Versammlungsstunde dem dänischen Bruder

Otto Blaedel[2] Gelegenheit gegeben, über seine Arbeit zu sprechen. Er begann, über Ägypten zu reden - das Land, in dem er fünfundzwanzig Jahre lang gedient hatte. Ausführlich erzählte er von den enormen Unterschieden im Vergleich zu den mitteleuropäischen Ländern - in der Art der Menschen dort, ihren Gewohnheiten und Traditionen. Auch über Schwierigkeiten im Dienst sprach Bruder Blaedel. Zugleich machte er deutlich, dass die Mission dort große Erfolge feierte und innerhalb kurzer Zeit die Zahl der Versammlungen stark gewachsen war.

Er bat seine Zuhörer, doch für den Dienst in Ägypten zu beten; nicht nur für die materiellen Bedürfnisse der Arbeit, sondern besonders auch dafür, dass Brüder und Schwestern bereit wären, dort hinzugehen. Weiter erzählte er, wie nötig es sei, dass Schwestern kämen, um unter den Frauen in Ägypten zu arbeiten, da diese aufgrund der Landestraditionen keinen Umgang mit fremden Männern haben dürften. Dies behindere die Besuche in den einzelnen Häusern. Auch würden besonders für die christliche Schularbeit, die man gerade dort begonnen hatte, Lehrerinnen gebraucht.

Als Heleen an jenem Abend nach Hause ging, brannte ihr Herz und ihre Gedanken gingen auf Wanderschaft. Sie betete bei jedem Schritt, und mit

2 Otto Blaedel begann seine Arbeit im Jahr 1903 und besuchte mithilfe eines Bootes die Versammlungen entlang des Nils.

jedem Schritt wuchs ihre Gewissheit im Blick auf den Wunsch, der in ihr aufgekommen war, als Bruder Otto Blaedel über Ägypten sprach.

Heleen nutzte die erste Gelegenheit, in der sie allein mit ihren Eltern war, um ihnen von ihrem brennenden Wunsch zu berichten: „Mutter, Vater, der Herr hat mich berufen, Ihm in Ägypten zu dienen!" Ihre Eltern waren für einen Moment sprachlos. Verschiedene Gefühle überkamen sie – eine Mischung aus Freude, Verblüffung und Staunen. Sie baten Heleen, zu warten, bis sie darüber gebetet hatten, um ihr dann eine Antwort zu geben.

## Die Enttäuschung

Nach einiger Zeit kam ihr Vater zu ihr und sagte: „Ich bin einverstanden", aber bevor Heleen vor Freude Luftsprünge machen konnte, fügte er schnell hinzu: „Aber nicht, bevor du 25 bist!"

Heleen war sehr enttäuscht und deprimiert. Sie war erst 17. Sollte sie weitere acht Jahre warten, bis sie dem Ruf des Herrn nach Ägypten folgen konnte? Ihr Vater beließ es jedoch nicht einfach dabei, sondern erklärte ihr seinen Standpunkt folgendermaßen: „Du solltest erst einmal selbst arbeiten und die alltäglichen Dinge des Lebens kennenlernen, damit du überhaupt weißt, wie die Menschen leben, denen du dienen willst. Außerdem solltest du zunächst deinen

Lebensunterhalt selbst verdienen, damit du später jede praktische Hilfe, die der Herr dir schickt, auch wirklich schätzen kannst. Es gibt eine Menge Dinge, die du lernen musst, um für die Mission gut gerüstet zu sein. Aber am wichtigsten ist es, zu warten, bis wir und du wirklich sicher sind, dass all das der Wille des Herrn ist und nicht nur eine Idee, die du in deinem jugendlichen Alter hast. Das wird sich im Laufe der Zeit zeigen."

Heleen akzeptierte die Entscheidung ihres Vaters, weil sie tief in ihrem Herzen wusste, wie wichtig der Gehorsam ihm gegenüber war, so wie die Bibel es lehrt. Und die Tage und Jahre, die folgen sollten, überzeugten sie von der Weisheit seiner Worte. Wie wir es bei Mose, Paulus und anderen finden, geht dem Dienst für den Herrn immer eine Zeit der Vorbereitung voraus.

## Die Vorbereitung beginnt

Heleen schrieb sich an einer Lehrerinnen-Schule für Frauen ein. Sie war sehr fleißig und lernte schnell, so dass sie diese Schule nach zwei Jahren abgeschlossen hatte. Hier lernte sie, Kinder zu unterrichten, sich um sie zu kümmern, eine Schule zu leiten und viele ähnliche Dinge. Diese Ausbildung bereitete sie optimal auf das Werk vor, das der Herr für sie vorgesehen hatte. Das zusätzliche Wissen und die erworbenen

Fähigkeiten waren so eine Zurüstung für ihre spätere Arbeit an den Schulen.

Nachdem sie ihre Ausbildung beendet hatte, arbeitete Heleen für ein Jahr an einer christlichen Schule in Den Haag. Von dem Moment an, in dem sie ihren ersten Lohn bekam, legte sie immer etwas von dem Geld für den Herrn beiseite, um den Bedürftigen zu helfen, die der Herr ihr über den Weg schickte. Ebenso folgte sie der Familientradition, wonach der erste Gehaltsscheck für die Familie gedacht war. So zeigte sie ihre Dankbarkeit und Verbundenheit mit dem Zuhause und der Familie, in der sie aufgezogen worden war.

Für ihre weitere Vorbereitung entschied ihr Vater, sie nach Deutschland zu schicken, um dort neue Erfahrungen zu sammeln. Außerdem wollte er, dass sie sich daran gewöhnte, von ihrer Familie getrennt zu leben. Dafür wählte er die Länder so aus, dass darin eine Steigerung lag: Zunächst sollte sie in ein Land gehen, das nicht weit weg war (Deutschland), später in ein weiter entferntes und anschließend in ein Land, das noch weiter entfernt war. Auf diese Weise (zunächst in ein nahe gelegenes Land zu gehen und sich dann immer weiter zu entfernen) wandte sie die Bibelstelle auf sich an: „… Ihr werdet meine Zeugen sein, sowohl in Jerusalem als auch in ganz Judäa und Samaria und bis an das Ende der Erde“ (Apg 1,8). – Es ist gut, wenn wir dieses Prinzip des Herrn verstehen: Zunächst möchte Er uns in unserem normalen

Umfeld gebrauchen, dann wird der Kreis allmählich größer, bis Er uns schließlich dorthin sendet, wo Er uns haben möchte.

In Deutschland arbeitete Heleen in einem Waisenhaus für Kinder, die aus sehr schwierigen und schmerzlichen Umständen kamen. Sie arbeitete in der Küche und anschließend verbrachte sie ihre Zeit damit, mit den Kindern zu spielen. Sie schloss Freundschaft mit ihnen, sprach mit ihnen, kümmerte sich um sie und nahm an ihren Sorgen Anteil. Sie erzählte ihnen Geschichten aus der Bibel und arbeitete den ganzen Tag hart, ohne viel Pause zu machen (vgl. Rt 2,7). Sie empfing dort ein symbolisches Gehalt, aber es ging ihr auch nicht um das Geld. Viel mehr schätzte sie das Privileg, gläubige Mitarbeiter zu treffen und Seite an Seite mit ihnen zu arbeiten. Und sie lernte viel von ihnen: wie man in der Praxis mit Kindern umging, wie man mit ihren Problemen umging, die so unterschiedlich wie ihre jeweiligen Hintergründe waren, und wie man sich um verschiedenste Angelegenheiten kümmerte.

## Weitere Ausbildungen

Nachdem sie ein Jahr in dem Waisenhaus in Deutschland verbracht hatte, schrieb sich Heleen für einen medizinischen Kurs in Erster Hilfe und Grundlagen der Krankenpflege ein, der speziell auf Missionare ausgerichtet war. Dieser Kurs fand in England statt. So kam Heleen mit der englischen Kultur in Berührung, die so völlig anders war als die holländische Lebensweise. Aufgrund ihrer speziellen Umstände kam sie erst zwei Wochen nach Beginn des Kurses in England an. Aus diesem Grund wurden ihr verschiedene Pflichten auferlegt, die sonst niemand übernehmen wollte, wie die Türen zur richtigen Zeit zu öffnen und abzuschließen. Heleen akzeptierte diese Pflichten jedoch ohne Murren und war sehr gewissenhaft darin.

Die englische Lebensart empfand sie als steif und peinlich genau. Zeiten mussten exakt eingehalten werden; alles musste genau so erledigt werden, wie es vorgeschrieben war. Das Alter einer Person war in jeder Situation von Bedeutung. Zum Beispiel war ihr Klassenraum im vierten Stock und der Aufzug fasste nur zehn Personen. Selbst wenn sie als Allererste an diesem Aufzug war, musste sie den Älteren den Vortritt lassen. Meistens war der Aufzug dann komplett gefüllt und Heleen musste die Treppe nehmen. Daran gewöhnte sie sich jedoch schon bald.

All diese Erfahrungen hinterließen ihre Spuren in Heleens Persönlichkeit. Sie ist ihr ganzes Leben dafür bekannt gewesen, peinlich genau, ordentlich, verbindlich und anderen gegenüber respektvoll zu sein. Nachdem sie diesen Kurs abgeschlossen hatte, schickte ihr Vater sie für sechs Monate in die Schweiz, um in einer Bibelschule für Missionare Französisch zu lernen. Dort lernte sie auch viele andere Dinge, die ihr später im täglichen Leben auf dem Missionsfeld nützlich waren. Besonders hilfreich war die Erfahrung, mit Menschen zusammenzuleben und zu arbeiten, die völlig andere Kulturen, Traditionen und Gedanken hatten. Obwohl sie alle aus verschiedenen Ländern kamen, lernten sie, miteinander in Frieden und wahrer christlicher Liebe zu leben. Es gibt keinen Zweifel daran, dass die Fähigkeit, andere zu akzeptieren, egal, wie sie sein mögen, eines der Kriterien ist, die wir erfüllen müssen, wenn unser Dienst Erfolg haben soll und wir das Evangelium weitergeben möchten.

## Die Erfüllung des Traums rückt näher

Heleen reiste im Sommer 1937 nach Holland zurück. Abgesehen von Holländisch, ihrer Muttersprache, sprach sie nun fließend Englisch, Deutsch und Französisch. Aber es gab noch eine weitere Sprache, die darauf wartete, von ihr erlernt zu werden. Neben diesen Sprachen hatte sie eine Vielzahl an praktischen Fähigkeiten und nützlichem Wissen erworben.

Aber das Wichtigste war, dass es noch immer ihr echter und aufrichtiger Wunsch war, dem Ruf des Herrn gehorsam zu sein und nach Ägypten zu gehen. Diese Sehnsucht war im Laufe der Zeit gewachsen und hatte nun ihren Höhepunkt erreicht, als Heleen 25 Jahre alt geworden war; und so hatte ja auch ihre

Vereinbarung mit ihrem Vater ausgesehen. Nun war sie völlig bereit, auf das Missionsfeld zu gehen.

Während Heleen bereits Vorbereitungen für ihre Ausreise traf, kamen Neuigkeiten aus Ägypten: Man suchte momentan keine Lehrerinnen, sondern eine Ärztin. Heleen war sprachlos. Sollte sie nun acht weitere Jahre warten, um noch Medizin zu studieren?

*Heleen lernt Arabisch*

# Kapitel 4

## Die Reise beginnt

Heleen verbrachte viele Tage im Gebet und konnte das alles nicht verstehen. Hatte sie von Anfang an die falsche Wahl getroffen? Oder waren es Hindernisse, die der Feind aller Gerechtigkeit ihr in den Weg legte? Sie war von Herzen überzeugt, dass Gott einen guten Plan mit ihrem Leben hatte, der erfüllt werden musste, und dass kein Hindernis irgendeiner Art dem im Weg stehen konnte. Ihre Ratlosigkeit hielt nicht lange an. Als die nächsten Nachrichten aus Ägypten kamen, hieß es: Auch Lehrerinnen sind willkommen.

Heleen war voller Freude, und sie fing an, sich auf die lange Reise vorzubereiten. Sie überlegte, was sie alles mitnehmen sollte und welche Papiere und Dokumente sie benötigte.

Zunächst versuchte sie, ein Visum für Ägypten zu bekommen. Das war gar nicht so einfach, wie sie gedacht hatte. Die ägyptische Botschaft in den Niederlanden konnte oder wollte ihr kein Visum ausstellen. Es schien, als würden die Hindernisse und Probleme, die ihrem Dienst im Weg standen, mit dem Ende ihrer Vorbereitungszeit nicht aufhören. Sie musste lernen, dass der Weg des Dienstes für den Herrn nicht frei von Hindernissen und Problemen ist – aber voller

Gnade, die genügt, um all diese Hindernisse zu überwinden.

Nach mehreren Versuchen schaffte es schließlich Bruder Fakhry El Zeqq, ein Anwalt und Freund ihres Vaters, ein Visum für Heleen zu bekommen. Mit diesem Visum war sie berechtigt, in das damalige Königreich Ägypten[3] einzureisen.

## Es geht los

In der zweiten Septemberhälfte des Jahres 1937 kamen die Geschwister der Versammlung in Den Haag mit einer Gruppe von Brüdern aus Holland und dem europäischen Ausland zusammen[4], um Heleen zu ermutigen, sie der Gnade Gottes und der rechten Führung seiner Hand anzubefehlen und sie zu verabschieden. So brachten sie ihre Gemeinschaft mit ihrem Dienst zum Ausdruck. – Wie wichtig ist es, dass sich die örtliche Versammlung eines Dieners hinter seinen

---

3 Im Jahr 1922 erklärte sich die ehemalige englische Kolonie Ägypten zu einem unabhängigen Königreich. Aufgrund von Korruption und Misswirtschaft wurde der ägyptische König 1952 gestürzt und Ägypten wurde 1953 zur Republik erklärt.

4 Im September 1937 fand in Den Haag eine Besprechung mit verschiedenen Brüdern statt. Vielleicht waren deshalb einige Brüder aus dem europäischen Ausland bei der Verabschiedung von Heleen anwesend.

Dienst stellen kann! Was für eine große Unterstützung bedeuten ihre Gebete! – Diese Zusammenkunft hatte einen so positiven Eindruck auf Heleen, dass sie sich ihr ganzes Leben gern daran erinnerte.

Heleen packte ihre Koffer, bereit, die lange Reise nach Ägypten anzutreten. Der Moment kam, in dem sie sich von ihrer Familie verabschieden musste. Einer nach dem anderen wurde umarmt und ihre Familie befahl sie ebenfalls der Gnade Gottes an. Sie waren überzeugt, dass Gott einen wunderbaren Plan für sie hatte und Heleen gebrauchen würde, diesen Plan zu erfüllen.

Die Reise begann mit einer Zugfahrt von Den Haag nach Neapel in Italien. Sie dauerte schon fast zwei Tage. Eine Gefährtin begleitete sie auf dieser Reise, Miss Ied Bender. Von Neapel aus ging es weiter mit einem Segelschiff bis in den Hafen von Alexandria in Ägypten.

Die Tage auf See vergingen, und Heleen verbrachte ihre Zeit damit, an Deck zu stehen und mit ihren blauen Augen den Horizont zu bestaunen. Worüber dachte sie nach? Über das große Haus, den Komfort oder die Familie, die sie zurückließ? Dachte sie über die Schwierigkeiten nach, die auf ihrem Weg lagen, in einem Leben, das sie bisher nicht gekannt hatte? Niemand stellte ihr diese Fragen. Aber die 75 Jahre in Ägypten haben die Antwort gegeben: Keines dieser Dinge beschäftigte sie, und sie sorgte sich um nichts, außer um eines: ihre Arbeit mit Freude zu tun und ihren Dienst zu erfüllen, da sie sich sicher war, dass sie ihn vom Herrn empfangen hatte (vgl. Apg 20,24).

## Die Ankunft

Am 22. September 1937 legte das Schiff am Dock in Alexandria an. Die Ankunft von Miss Heleen Voorhoeve ist den öffentlichen Urkunden zu entnehmen. Sie hatte einen holländischen Pass mit der Nummer #340253. Dieser trug das Siegel des ägyptischen Konsulats mit Einreiseerlaubnis sowie eine Wertmarke im Wert von 386 Millims (in dieser Zeit ein paar Dollar wert). Ihr Pass enthielt folgende Angaben: Alter: 25; Körpergröße: 150 cm. Als diese kleine Frau dort in Ägypten ankam, hatte sie acht Jahre sehnsüchtigen Wartens hinter sich.

Nachdem sie die notwendige Bürokratie hinter sich gebracht hatte, konnte sie von Bord gehen. Das Erste, was ihr auffiel, war die Kopfbedeckung, die die ägyptischen Männer trugen. Später lernte sie, dass sie „Fez" heißt. Außerdem hörte sie zum ersten Mal die arabische Sprache, die keinerlei Ähnlichkeit mit einer der vier Sprachen hatte, die sie fließend sprach.

Am Pier in Alexandria erwarteten sie damals die Brüder Nagy Antakia und Riad Yossef sowie einige andere Brüder. Sie hießen sie freundlich und höflich willkommen und waren dabei so warmherzig, dass ihr Herz tief berührt war. Die Art und Weise, wie Ägypter ihre Gäste begrüßen, machte einen tiefen Eindruck auf sie, und jedes Mal, wenn sie später nach den positiven Eigenschaften der Ägypter gefragt wurde, erzählte sie davon.

Heleen nahm den Zug von Alexandria nach Kairo, wo sie eine Gruppe von Brüdern traf. Einer dieser Brüder war Bruder Matta Behnam, der Ied Bender und sie zunächst bei sich zu Hause beherbergte.

## In Kairo

Heleen Voorhoeve und Ied Bender ließen sich in Kairo nieder und fingen an, in einer kleinen Schule im Shobra-Bezirk, die den „Brüdern" gehörte, Englischunterricht zu geben. Die beiden Schwestern mieteten ein Apartment, in dem sie zusammen wohnten.

Gemeinsam begannen sie auch, die arabische Sprache zu lernen. In Anbetracht der Tatsache, dass sie schon vier Sprachen fließend sprach, dachte Heleen, es würde ihr leichtfallen, auch diese Sprache zu lernen, aber das war nicht der Fall. Daher schrieben sie sich an der Schule für östliche Studien der amerikanischen Universität in Kairo ein, um schneller Arabisch zu lernen.

Die Studiengebühren stellten allerdings ein großes Hindernis für sie dar. Sie betrugen damals drei ägyptische Pfund monatlich.[5] So brachten die beiden ein ungewöhnliches, aber amüsantes Argument vor, um den Preis zu senken. Gemeinsam gingen sie zum Dekan der Schule, um ihm ihr Problem zu erklären, und Heleen sagte zu ihm: „Sie (Ied) ist so groß und ich bin so klein, daher sollten wir eigentlich nur wie eine Person gezählt werden und nicht wie zwei!" Das Seltsame an der Geschichte ist, dass der Dekan der Idee tatsächlich zustimmte. Er erlaubte ihnen, dass sie abwechselnd die Schule besuchten, Heleen an dem einen, Ied an dem anderen Tag. Jede von ihnen musste so nur das halbe Schulgeld bezahlen.

*Heleen am Schreibtisch*

5 Heute (im Jahr 2014) wären das etwa 400 Euro.

# Kapitel 5

## Auf nach Oberägypten - nach Tema

Ende des Jahres 1938 hatten die beiden jungen Frauen die wesentlichen Grundlagen der arabischen Sprache gelernt und waren in der Lage, mit den Eltern der Schulkinder auf Arabisch zu sprechen.

Bis zu dieser Zeit gab es neben der christlichen Schule in Shobra, Kairo, noch die Emmanuel-Schule in Mallawi in der Provinz Al-Minya in Oberägypten. Diese Schule war 1932 von Miss Regina Pearson aus den USA gegründet worden. Daneben gab es noch eine englische Mädchenschule in Tema, Oberägypten. Diese war von Miss Edith Nutter aus England gegründet worden, unterstützt durch eine weitere Engländerin, Miss Pence. Sie unterrichteten einen Teil des Jahres in dieser Schule und für den Rest des Jahres kehrten sie nach England zurück. Diese Regelung war damals von der ägyptischen Regierung gebilligt worden.

Heleen wartete weiter auf die Weisung des Herrn für ihren nächsten Schritt. Sie erhielt allerlei Vorschläge. Von Miss Pearson erhielt sie die Einladung, an der Emmanuel-Schule in Mallawi zu arbeiten. Aber Heleen hatte nicht den Eindruck, dass dies ihre Aufgabe war, auch weil das Werk dort schon sehr gewachsen und gut organisiert war. Sie hatte das Gefühl, dass sie in eine Gegend geschickt werden würde, in der noch Mangel herrschte. Die Städte Nekhaila, Dierut und Tema hatte sie in diesem Zusammenhang im gleichen Jahr schon besucht, andere Orte waren ihr genannt worden. Sie freundete sich mit dem Gedanken an Tema an, zu den anderen Städten zog sie hingegen nichts.

Im März 1939 musste Miss Edith Nutter nach England zurückkehren, um sich dort um ihre kranke Mutter zu kümmern. Sie fragte Heleen, ob sie während dieser Zeit nicht nach Tema kommen wolle, um in der dortigen Schule zu arbeiten. So kam es, dass Heleen im Frühjahr 1939 nach Tema ging und dort einen Dienst begann, der noch lange andauern sollte.

## Der große Umzug

Die englische Mädchenschule war in einem kleinen, alten Gebäude untergebracht. Für jede Stufe gab es eine Klasse, die nur aus wenigen Mädchen bestand. Insgesamt waren es etwa siebzig Mädchen, die dort von sechs Lehrerinnen unterrichtet wurden.

Es war eine enorme Umstellung für Heleen gewesen, aus dem großen, schönen Familienhaus in Den Haag in eine kleine Wohnung in Kairo zu ziehen. Aber der Wechsel von dort nach Tema war eine noch viel größere Umstellung: Heleen musste in einem kleinen Raum der Schule wohnen, in dem sie eine Insektenart entdeckte, von der sie vorher noch nie etwas gehört hatte: Bettwanzen. Um den kleinen Tierchen zu entgehen, war sie gezwungen, auf dem Flachdach des Gebäudes zu schlafen. Dort blieb sie dann mehr als fünfzehn Jahre.

Im ganzen Gebäude gab es für etwa achtzig Menschen nur eine einzige Toilette, die Heleen ebenfalls benutzen musste und die weit entfernt von ihrem Wohnraum war. Fließendes Wasser, wie sie es aus Holland gewohnt war, gab es in diesem Gebäude auch nicht. Das Wasser wurde in Lederschläuchen vom „Wassermann" gebracht, der es aus einem Brunnen oder aus der öffentlichen Wasserquelle im Dorf holte und dann in verschiedene Gefäße goss, unter anderem in den „Kollah", einen Tontopf.

Zusammenfassend kann man sagen, dass die Umstände sehr befremdend und menschlich gesehen äußerst schwierig und gewöhnungsbedürftig für diese kleine junge Frau aus Holland waren. Aber wenn wir zurückblicken und noch einmal fragen, ob dieses schwere Leben sie daran hinderte, ihren Dienst zu erfüllen, dann müssen wir noch einmal bekräftigen: Der Rest ihrer Geschichte beweist, dass sie sich durch diese Hindernisse nicht davon abhalten ließ, weiter auf ihr Ziel hinzuarbeiten. Die Klarheit ihres Auftrags und Ziels sowie ihr aufrichtiger Wunsch, das Werk des Herrn zu erfüllen, gaben ihr die Kraft, auf den Höhen zu wandeln wie die jungen Hirsche (vgl. Hab 3,19).

## Die Arbeit nimmt ihren Anfang

Heleen begann, mit Miss Pence an dieser Schule zu arbeiten. Voller Tatkraft ging sie ans Werk, eifrig darauf bedacht, ihre Aufgaben zu erfüllen. Sie stand frühmorgens auf und arbeitete den ganzen Tag, ohne zu ermüden. Es dauerte nicht lange, bis sie sowohl zu den Lehrerinnen als auch zu den Schülerinnen ein gutes Verhältnis hatte, das von Zuneigung, praktischen Liebesbeweisen und Interesse an ihrem Wohlergehen geprägt war. Dieses Interesse galt nicht nur den Schülerinnen, sondern auch ihren Familien.

*Die ersten Lehrerinnen*

Sie fing nun an, alles anzuwenden, was sie in den vorangegangenen zehn Jahren gelernt hatte. Anstatt sich nur auf das Unterrichten zu beschränken, widmete sie auch dem Schulsystem und zahlreichen anderen Aufgaben ihre Aufmerksamkeit. Schon nach kurzer Zeit erkannte sie, dass Tema der richtige Platz für sie war, und die Menschen dort hatten wiederum das Gefühl, dass Heleen zu ihnen gehörte.

## Sommerferien in Holland

Das Schuljahr war zu Ende gegangen und Heleen entschied sich, die Sommerferien für einen Besuch bei ihren Eltern in den Niederlanden zu nutzen. Danach wollte sie nach Tema zurückkehren.

Als sie in Holland war, berichtete sie ihren Eltern bis ins kleinste Detail alles, was sich in den vergangenen zwei Jahren in Ägypten zugetragen hatte. Aufmerksam hörte sie sich die zahlreichen Ratschläge und Anweisungen ihres Vaters an, der so viel Erfahrung im Dienst für den Herrn hatte. Er hatte 1934 sogar Ägypten besucht und bei dieser Gelegenheit war er auch in Tema gewesen.

Während ihres Heimaturlaubs traf Heleen auch einige andere Brüder aus Europa und berichtete ihnen über den Verlauf der Arbeit in Ägypten. Sie genoss die Gemeinschaft und durfte sich anschließend über eine große Zahl von Menschen freuen, die versprachen, für sie und ihre Arbeit zu beten und sie im Rahmen ihrer Möglichkeiten zu unterstützen.

## Gefahren unterwegs

Als der Sommer zu Ende ging, wollte Heleen zurück nach Ägypten reisen. In der Zwischenzeit war jedoch der Zweite Weltkrieg ausgebrochen und hatte das normale Leben in Europa lahmgelegt. In andere Länder zu reisen war keineswegs mehr so einfach, wie es noch vor wenigen Wochen gewesen war, und in einige Richtungen wurde es auch völlig unmöglich. Es war ein schwieriges Unterfangen für Heleen, auf dem normalen Weg nach Ägypten zurückzureisen, doch sie versuchte weiterhin, irgendwie einen italienischen Hafen zu erreichen, von dem aus sie auf einem der Schiffe wieder zurücksegeln konnte.

Schließlich gelang es ihr durch den deutschen Botschafter in den Niederlanden, eine Erlaubnis zu bekommen, auf dem Landweg nach Neapel zu reisen und von dort aus mit dem Schiff nach Alexandria zu segeln. Anschließend ging es weiter nach Kairo, wo sie den Zug bis Tema nahm. Im Oktober 1939 war sie dann endlich wieder zurück in Tema.

Dort traf sie erneut mit Miss Nutter und Miss Pence zusammen, um die Arbeit gemeinsam mit ihnen fortzusetzen. Im Laufe der Zeit fühlte Heleen sich jedoch von Miss Nutter hart angefasst, und es wurde offensichtlich, dass es unterschiedliche Auffassungen zwischen ihnen gab, wie die Schule zu führen sei. Miss Nutter war der Meinung, die Schule gehöre einer englischen Missionsgesellschaft und das solle auch so bleiben. Also bat sie die niederländische Heleen, nach Kairo zurückzugehen. Die Brüder dort kamen - um des Friedens willen - zu derselben Überzeugung. Heleen fügte sich und kehrte zu Beginn des Schuljahres 1940 nach Kairo zurück.

# Kapitel 6

## Heleen wird sesshaft

Der Zweite Weltkrieg setzte sich gewaltsam fort. Viele Missionare waren gezwungen, in ihre Heimatländer zurückzukehren. Heleen dagegen entschied sich dafür, in Ägypten zu bleiben. In den vergangenen drei Jahren wuchs in ihr Tag für Tag die Überzeugung, dass dies der Platz war, an den der Herr sie berufen hatte. Die Schwierigkeiten und Leiden bestärkten sie nur in ihrem Entschluss.

Eines Tages kam ein junger Engländer, der ebenfalls Christ war, und wollte um ihre Hand anhalten. Sie hatte nur eine Frage an ihn: „Hat der Herr dich dazu berufen, Ihm in Ägypten zu dienen?“ Als er mit Nein antwortete, lehnte sie seinen Antrag höflich, aber freundlich und bestimmt ab.

1941 gehörten Miss Nutter und Miss Pence zu denen, die aufgrund des Krieges zurück nach England gingen. Sie übergaben die Verwaltung der Schule in Tema an Miss Waheeba Samaan. Die Zahl der Schülerinnen hatte in diesem Jahr die stattliche Anzahl von zweihundert erreicht und sechs Lehrerinnen waren für ihre Ausbildung zuständig.

Miss Samaan konnte die Verwaltung der Schule nicht allein schultern und fragte deshalb die Brüder, ob Heleen nicht zurück nach Tema kommen könne. Die Brüder stimmten zu und Heleen entsprach diesem Wunsch. Sie hatte die Zeit in Kairo genutzt, um weiter Arabisch zu lernen und glänzte nun mit sehr guten Fähigkeiten, sowohl im Lesen als auch im Schreiben. So kehrte sie 1941 endgültig nach Tema zurück, wo sie bis auf den heutigen Tag geblieben ist.

Die Menschen, die sie schon von ihrem früheren Aufenthalt kannten, freuten sich über ihre Rückkehr. Viele empfanden eine tiefe Zuneigung für sie und diese Zuneigung ist im Laufe der Zeit nur noch größer geworden.

## Inmitten von Herausforderungen

Die Schule befand sich noch immer in demselben alten Gebäude, und es wurde immer schwieriger, die wachsende Anzahl von Kindern dort unterzubringen. Man war gezwungen, jedes bisschen Platz zu nutzen. Einige Klassen wurden sogar im Treppenflur unterrichtet. Die Unterstützung für die Schule ließ sehr zu wünschen übrig und Heleen musste sie daher neu strukturieren und verändern.

Mitten im Krieg sah sie sich allein dieser riesigen Herausforderung gegenüber. Aufgrund der Umstände war es unmöglich, dass einsichtige und verantwortungsvolle Brüder aus dem Ausland kamen, um entsprechende Ratschläge geben zu können.

Selbst die Korrespondenz, inklusive der Postzustellung aus dem Ausland, war sehr unzuverlässig; erst recht die praktische Hilfe und die materielle Unterstützung. Sogar den Brüdern vor Ort fiel es zunehmend schwerer, herumzureisen, und als der Krieg sich hinzog, waren auch in Ägypten die Auswirkungen zu spüren. Das ganze Land kam fast zum Stillstand.

Folglich musste Heleen ihre Pflichten größtenteils allein erfüllen, aber sie lernte auch, dass das Gefühl, völlig ohne menschliche Hilfe zu sein, sehr nützlich war. So musste sie sich ganz und gar auf den Herrn verlassen, der weder durch Kriege noch durch sonstige Schwierigkeiten behindert wird und der allein seine Diener dazu befähigen kann, seine Gegenwart, Versorgung und Führung immer und überall und in allen Umständen zu erfahren.

Aufgrund des Krieges kam es häufig zu Versorgungsengpässen. Heleen musste drastische Maßnahmen ergreifen, um die knappen Gelder beisammenzuhalten: Sie entschied, dem Koch, der seit den Tagen von Miss Nutter für die Schule arbeitete, zu kündigen, um sein Gehalt einzusparen. Dafür begann sie selbst zu kochen, und sie bat auch die anderen Lehrerinnen, die in der Schule lebten, sie darin zu unterstützen. Sie nutzte einen Kerosin-Brenner, der damals als „Primus" bekannt war. Um noch mehr Geld zu sparen, beschloss sie, den Fleischkonsum zu reduzieren. Für gewöhnlich bestand ihr Essen aus dicken Bohnen, die sie sehr mochte, und bis heute bevorzugt sie diese als Hauptbestandteil eines Essens für sich und ihre Gäste.

„El Sett" erinnerte sich während unseres Interviews lachend an einen Tag, an dem sie ein Hühnchen für das Abendessen mit einigen Lehrerinnen gekocht hatte. Während sie den Tisch deckten, achtete niemand auf das fertige Hühnchen, das bereits auf dem Tisch stand, und schon bald hatte sich eine Katze herangeschlichen, die das Huhn stibitzte. An diesem Abend gingen sie ohne Essen zu Bett.

Aber diese Umstände führten nicht dazu, dass Heleen sich beklagte. Im Gegenteil, ihr kamen immer die Worte „Noschkorr Rabbena" („wir danken unserem Herrn") über die Lippen, bei denen sich die arabische Sprache mit ihrem holländischen Akzent mischte. In ihrem Herzen war sie davon überzeugt, in dem Plan Gottes für ihr Leben an der richtigen Stelle zu sein, und das brachte sie dazu, die Schwierigkeiten mit Dankbarkeit zu ertragen und dem Herrn mit Frömmigkeit und Furcht wohlgefällig zu dienen (Heb 12,28).

## Veränderungen

Im Laufe der Zeit kamen immer mehr Kinder dazu, so dass das Gebäude irgendwann aus allen Nähten zu platzen drohte. Heleen musste zusätzlich ein

Nachbargebäude anmieten, um das allgemeine Lernniveau zu verbessern. Die monatliche Miete betrug damals ein ägyptisches Pfund.

Heleen hatte ein großes Herz für die Lehrerinnen. Es war ihre Überzeugung, dass die Schularbeit verbessert und das gewünschte Ziel erreicht werden würde, wenn sie sich um das geistliche, seelische und leibliche Wohl der Lehrerinnen kümmerte. Daher begann sie, eine kleine Morgenversammlung für sie abzuhalten, bevor der Schultag begann. Sie war darauf bedacht, von ihnen und ihren Problemen zu hören und ihnen zu helfen, Lösungen zu finden, soweit sie es konnte.

Es war in der Vergangenheit üblich gewesen, dass die Ausländer gemeinsam an einem Tisch aßen, während die einheimischen Ägypter gemeinsam einen anderen Tisch nutzten. Aber Heleen gefiel das nicht. Also beschloss sie, diese Regelung zu ändern: Fortan saßen sie alle an einem Tisch zusammen, nahmen ihre Mahlzeiten gemeinsam ein und freuten sich an der Atmosphäre, die an die Tage der ersten Christen erinnerte (Apg 2,46).

Auf diese Art überdachte sie alle Prozesse und Regelungen; selbst kleinste und einfachste Details wurden in das Licht des Wortes Gottes gerückt. Obwohl sie die Gewohnheiten und Gebräuche der ägyptischen Gesellschaft nicht einfach missachtete, gab sie dem Wort Gottes doch die ihm gebührende Stellung, damit es in allen Dingen den Ausschlag gab. Dies ist ein gutes Beispiel, dem wir in unseren Versammlungen folgen sollten!

## Ihr Dienst weitet sich aus

Heleens Werk hörte aber nicht an den Toren der Schule auf: Es breitete sich auch außerhalb aus und trug den Wohlgeruch Christi an jeden Ort (2. Kor 2,14.15). Zunächst besuchte sie die Familien der Schülerinnen und Lehrerinnen. Danach erweiterte sich auch dieser Kreis. Sie war darum bemüht, den Menschen in ihren Umständen und Erlebnissen nahe zu sein. Sie besuchte sie in guten wie in schlechten Tagen - auch wenn sie in Trauer waren. Sie machte Krankenbesuche, half den Armen und gab ihren Rat denen, die danach fragten, entsprechend dem Maß an Weisheit, das der Herr ihr gab.

Heleen wusste, wie sie die Liebe, die der Herr ihr ins Herz gab, auf praktische Weise den Menschen bringen konnte. Mit dieser Liebe begegnete sie jedem von nah und fern und machte keine Unterschiede bezüglich Rasse, Glauben oder politischer Überzeugung. Dieses Verhalten hinterließ einen sehr positiven Eindruck bei den Menschen in Tema und sie gewannen sie ebenso lieb. Viele baten sie, für ihre persönlichen Umstände zu beten, und das tat sie auch.

Die Menschen in Tema liebten Heleen, und weil ihr richtiger Name „Miss Voorhoeve“ für viele so schwer auszusprechen war, begannen sie bald, nur über die „holländische Lady“ zu sprechen, und daraus wurde nach einiger Zeit einfach „El Sett“ (die Lady).

Ihr Aktionsradius erweiterte sich auf die Dörfer rund um Tema. Sie ging dorthin, um Schwestern zu besuchen und Kinder in „Sonntagsschulen“ zu unterrichten. Weil es in dieser Zeit keinen oder kaum motorisierten Verkehr gab, musste sie einen Esel nehmen. Aber meistens hatte sie auch diesen nicht zur Verfügung und so ging sie viele Kilometer einfach zu Fuß. Einmal wollte sie ein nahe gelegenes Dorf namens Keman Saeed besuchen. Sie wusste nicht genau, wo es war – nur dass es mit dem Zug im Norden von Tema erreicht werden konnte. Da sie das Geld für das Ticket sparen wollte, ging sie so lange über die Gleise, bis sie das Dorf erreichte!

## Fast blind

Irgendwann begannen Heleens Augen zu schmerzen, doch wie üblich dachte sie nicht viel an sich und verdrängte den Schmerz. Aber es wurde immer schlimmer und ihre Augen waren stark gerötet. Sie bemühte sich jetzt, zu einem Arzt zu kommen. In Tema fand sie nur einen Arzt, einen Allgemeinmediziner. Als dieser ihre Augen sah, weigerte er sich, sie zu behandeln. Es gab keine andere Lösung, als zu einem Arzt ins 45 Kilometer entfernte Asyut zu fahren. Weil sie niemanden beunruhigen oder damit belasten wollte, mit ihr zu fahren, beschloss sie, allein loszuziehen, obwohl sie noch nie in Asyut gewesen war. Also marschierte sie zum Bahnhof, wobei es nicht einfach war, den richtigen Weg zu finden, weil sie fast nichts sehen konnte. Im Zug fragte sie dann ab und zu nach, wo der Zug sei, bis sie schließlich in Asyut angekommen war.

Am Ziel angekommen nahm sie eine Kutsche und ließ sich zum amerikanischen Krankenhaus fahren. Dort wurde sie von einem der Ärzte untersucht, der ihr mitteilte, sie leide unter einer akuten Bindehautentzündung. Und während er die richtige Behandlung erklärte, bemerkte er nebenbei: „Hätten Sie einen Tag länger gewartet, hätten Sie Ihr Augenlicht verloren!"

Hier erlebte sie wieder einmal, wie der Herr voller Mitgefühl eingriff und sie mit seinem Segen überhäufte. Obwohl Er Schwierigkeiten für die Seinen zulässt, greift Er doch immer im richtigen Moment zu ihrem Besten ein.

## Nöten aller Art wird Abhilfe geschafft

Heleen ließen die Umstände der Menschen in Tema, die sie besuchte und denen sie diente, nicht kalt. Durch ihre Besuche bei diesen Menschen wusste sie um die großen materiellen und finanziellen Nöte von vielen von ihnen, besonders der Familien mit vielen Kindern. Es war Sitte, dass der Vater der Familienversorger war.

Ihr Mitgefühl führte dazu, dass sie in vielen Notsituationen half, aber nicht immer reichte das ihr zur Verfügung stehende Geld aus, um alle Bedürfnisse zu stillen. Der Herr gab ihr in dieser Zeit eine Idee und diese setzte sie in die Tat um: Sie begann damit, die besonders armen Frauen aus der Umgebung nachmittags im Versammlungslokal zusammenzutrommeln und ihnen das Nähen beizubringen, so dass sie einen Nebenverdienst erhielten, mit dem sie ihren Familien helfen konnten. Viele Familien erlaubten den Frauen jedoch nicht, allein zu diesen Näh-Treffen zu gehen. Daher begann sie die Arbeit mit denen, die kommen konnten. Die anderen besuchte sie anschließend in ihren Häusern.

Die Frauen begannen, diese Treffen zu lieben, und waren fasziniert von der Art und Weise, wie Heleen mit ihnen umging. Sie hatte es sich zur Gewohnheit gemacht, einige Lieder zu singen und Bibelverse zu zitieren, während sie die Frauen im Nähen unterrichtete. Bald fragten die Frauen sie, ob sie ihnen nicht einige Lieder beibringen könne, und es wurde beschlossen, dass diejenigen, die sich dafür interessierten, sich mittwochs vor der regulären Abendversammlung treffen würden.

Das war der Beginn der sogenannten „Tabitha-Treffen". „Tabitha" oder „Dorkas" ist der Name einer Frau in der Bibel, die Heleen sehr mochte (Apg 9,36-42). Diese Treffen, die dazu gedacht sind, den Witwen und Bedürftigen in ihren geistlichen und natürlichen Nöten zu helfen, gibt es bis heute. Die Anzahl der Frauen, die im Laufe der Jahre diese Treffen besucht haben, hat mittlerweile die Tausender-Marke überschritten. Außerdem wurden diese Treffen zu einem Vorbild für viele andere Glaubensgeschwister in Ägypten, in ihren eigenen Städten solche Treffen ins Leben zu rufen.

*Sonntagsschulkinder*

# Kapitel 7

## Deine Treue ist groß

Die Anzahl der Schülerinnen stieg Jahr für Jahr weiter an und im Jahr 1945 waren es fast dreihundert. Auch die Zahl der Lehrerinnen und der Schülerinnen, die zu den Bewohnern der Schule gehörten, nahm weiter zu - genauso wie die Anzahl der Bewerbungen für die Schule, die einen sehr guten Ruf hatte.

Eines Tages kam ein Vater in die Schule und wollte Miss Voorhoeve sprechen. Er bat sie, doch seinen Sohn ebenfalls in der Schule aufzunehmen, da er überzeugt war, dass er dort eine gute und ausgewogene Bildung erhalten würde. Weitere Bewerbungen dieser Art erreichten die Schule, und Heleen entschied, diese Bewerbungen anzunehmen, so dass aus der Mädchenschule eine gemischte Schule wurde.
Aber angesichts des Zustandes des Schulgebäudes war es nicht möglich, viele zusätzliche Bewerbungen anzunehmen. Zu derselben Zeit kamen Schulinspektoren der Regierung, die alle darin übereinstimmten, dass die gegenwärtige Situation nicht weiter tragbar sei. Sie stellten Heleen vor die Wahl: Entweder würde ein neues Gebäude errichtet werden oder sie würden eine behördliche Anweisung geben, die Schule zu schließen.

Natürlich sagte Heleen der Gedanke an ein neues Schulgebäude zu, würde sich so doch das gesamte Werk vergrößern. Die Schülerinnen und Schüler würden sicherlich davon profitieren und das war ihr Traum. Doch das Problem bestand darin, dass das benötigte Geld einfach nicht vorhanden war. Es fiel ihr schwer genug, die Löhne und Gehälter der Lehrerinnen zu bezahlen, die zwischen einem und drei Pfund im Monat betrugen.

Einige Leute aus dem Ausland schlugen ihr vor, einen Kredit bei einer Bank aufzunehmen oder mit einer entsprechenden Bitte an die Botschaft heranzutreten. Aber Heleen wies die Idee, sich Geld zu leihen, entschieden zurück. Sie glaubte, solange ein Werk ein Werk Gottes war, sei Er schon selbst in der Lage, die Kosten auf seine Weise zu decken. Sie glaubte, sie müsse Ihn nur darum bitten, alle Bedürfnisse zu erfüllen, und war überzeugt davon, dass es gegen sein Wort sei, sich Geld zu leihen. „Seid niemand irgendetwas schuldig" (Röm 13,8).

## Göttliche Versorgung

Den Kontakt mit den Brüdern in Europa zu halten war aufgrund des Krieges äußerst schwierig. Die einzige Ausnahme bildeten die Brüder in der Schweiz: Heleen informierte sie über die Situation und die dringend benötigten Mittel. Sie bekam eine Antwort von Bruder Jean André, der ihr schrieb, dass die Brüder der Schweiz grundsätzlich bereit wären, ihr zu helfen, jedoch unter der Bedingung, dass die Brüder in Ägypten ihr Interesse durch eine entsprechende Beteiligung an dem Projekt zeigen würden. Heleen informierte die führenden Brüder in Ägypten darüber, die die Idee einer neuen Schule mit Freude und Begeisterung aufnahmen. Dementsprechend begannen sie, ein passendes Stück Land zu suchen. Es gab verschiedene Meinungen, welche Anforderungen so ein Landstück in erster Linie erfüllen müsste, aber Heleen bestand auf einer wesentlichen Bedingung: Das Grundstück sollte in einer für die Schüler sicheren Lage liegen. Sie akzeptierte keines der vorgeschlagenen Grundstücke an stark belebten Straßen oder dort, wo viel Verkehr war.

Im März 1946 war es möglich, ein nur 250 Quadratmeter großes Grundstück für 300 ägyptische Pfund zu kaufen. Der Preis wurde von den Geschwistern in Ägypten bezahlt. Dieses Stück Land war der Anfang; im Laufe der Zeit wurden weitere Nachbargrundstücke dazugekauft. Heute misst das gesamte Gelände fast 3.000 Quadratmeter.

Nach Ende des Krieges war Heleen schließlich in der Lage, einen Besuch in Holland zu machen, um den Geschwistern dort über die aktuelle Situation in Ägypten zu informieren. Darüber hinaus wollte sie sich Rat und Empfehlungen von ihren Eltern holen, deren Weisheit sie sehr schätzte. Den Brüdern in Holland war die Idee eines neuen Gebäudes durchaus willkommen, aber die wirtschaftliche Situation im zerstörten Nachkriegsholland war so schlecht, dass zu dieser Zeit keine Hilfsgelder zur Verfügung standen. Heleen knüpfte auch Kontakte mit anderen Brüdern aus Europa, von denen sie einige Hilfszusagen bekam. Sie kontaktierte ebenfalls die Brüder in den USA, aber diese unterstützten damals die Vergrößerung der Emmanuel-Schule in Mallawi in Oberägypten, so dass sie nur wenig Unterstützung zur Verfügung stellen konnten.

## Eine Sammlung in Ägypten

Heleen kehrte nach Ägypten zurück, und ihr wurde klar, vor was für einer großen Herausforderung sie stand. Sie musste einen großen Teil des benötigten Geldes in Ägypten sammeln. Die ägyptischen Brüder ermunterten sie, und gemeinsam mit ihr vertrauten sie darauf, dass der Herr sein Werk vollenden würde. Die Brüder kamen mit Bruder Kamel Yassa überein, dass er Heleen begleitete, um die benötigten Gelder zu sammeln, und er war ihr eine große Hilfe.

Heleen stellte mit Bruder Kamel einen Plan für die Besuche der Versammlungen in Ägypten auf. Diese Art, Spenden zu sammeln, war neu für Heleen, doch sie erlebte die Freigebigkeit der Brüder. Sie gaben entsprechend ihrem Vermögen und manchmal auch darüber hinaus (vgl. 2. Kor 8,2.3).

In besonderer Erinnerung blieb ihr Bruder Welsely Goergy (ein Bruder aus Luxor), der Kontakt mit ihr aufnahm, um ihr zu sagen, sie müsse nicht extra nach Luxor (einer Stadt in Oberägypten) kommen, um Geld dort zu sammeln. Stattdessen schickte er ihr 300 ägyptische Pfund (damals eine große Summe) als Gabe für Tema. Für Heleen war das „ein duftender Wohlgeruch“ (Phil 4,18).

Sie setzte ihre Reise mit Bruder Kamel fort, um den Geschwistern in Ägypten das Projekt vorzustellen und dafür zu sammeln. Reisen war damals nicht einfach und die Unterkünfte waren ärmlich. Manchmal musste Heleen auf dem Dach schlafen und dabei den Kampf mit den Insekten aufnehmen. Aber sie war glücklich, dem Herrn dienen zu dürfen, und hatte das Gefühl, dass jedes Pfund, das sie sammelte, sie ihrem Ziel einen Schritt näher brachte. Es gefiel ihr, für den Herrn und sein Werk zu leiden, und sie wusste, dass ihre Mühe im Herrn nicht vergeblich war (1. Kor 15,58).

## Der Reiseplan ändert sich

Nachdem sie eine Reihe von Versammlungen in Unterägypten besucht hatte, ging sie nach Kairo und dann wieder nach Unterägypten. In einem der Dörfer dort wurde sie herzlich willkommen geheißen und sie freute sich über die Großzügigkeit der dort ansässigen Geschwister. Sie alle tranken aus dem gleichen Brunnen im Dorf und Heleen tat es ebenso. Anschließend fühlte sie sich jedoch nicht gut und wurde sehr müde. So konnte sie ihre Reise nicht fortsetzen und musste nach Oberägypten zurückkehren.

Zu Hause angekommen hatte sie Fieber und fühlte sich sehr krank. Der Arzt, den sie aufsuchte, diagnostizierte Typhus und schickte sie sofort ins Krankenhaus, wo sie bleiben sollte, bis sie wieder gesund wäre. Sie kam wieder in das amerikanische Krankenhaus in Asyut, wo sie die benötigte Behandlung bekam. Dennoch musste sie diesmal eine beträchtliche Zeit dort bleiben, in der sie wegen der Ansteckungsgefahr niemand besuchen durfte.

Sie könnte sich gefragt haben, warum der Herr gerade jetzt, in dieser besonderen Zeit, diese Krankheit zuließ, wo sie doch unbedingt weiterreisen musste, um das benötigte Geld zu sammeln und ihren Dienst zu erfüllen. Aber nein, ihre bisherigen Erfahrungen mit dem Herrn und sein Umgang mit ihr brachten ihr die Gewissheit, dass der Herr voller Weisheit ist und keine Fehler macht. Seine Wege sind immer vollkommen, denn Er sieht, was wir nicht sehen. Seine Güte und Freundlichkeit sind die Garantie dafür, dass Er alle Dinge zum Guten führt und dass Er seine Absichten im Leben seiner Kinder erfüllt.

## Noch mehr Kummer

Während sie nun allein im Krankenhaus lag, entfernt von all ihren Lieben, genoss sie die Gemeinschaft mit ihrem Meister. Sie verbrachte viel Zeit im Gebet für die Erweiterung der Schule, für das Werk des Herrn und für diejenigen, die sie liebte.

Am 29. Dezember 1948 lag sie wie üblich in ihrem Krankenhausbett, als ein Gast hereinkam. Als sie ihn sah, war sie sehr irritiert, und sofort beschlich sie Sorge. Es war ein einfacher Arbeiter aus Tema, der durch eine gewisse Untreue bekannt war und unter dessen Verhalten sie schon früher gelitten hatte. Sein Besuch war ihr ziemlich unwillkommen und so fragte sie ihn: „Was hat dich hergebracht? Wer hat dein Ticket von Tema hierher bezahlt?"

Doch seine Antwort war für sie noch viel schlimmer als seine Anwesenheit. Lieblos erwiderte er: „Die Brüder schicken mich mit einer Botschaft: ‚Neuigkeiten aus Holland – dein Vater ist gestorben.'" Bruder Johannes Voorhoeve war plötzlich heimgegangen, während er eine der Konferenzen in Europa besuchte. Er war auf sein Zimmer gegangen, um zu beten und sich etwas auszuruhen, und hatte einen tödlichen Schlaganfall erlitten.

Heleen war sehr bestürzt über diese Nachricht. Tränen liefen ihre Wangen hinunter. Sie liebte ihren Vater und hatte sich so oft von seiner Weisheit leiten lassen. Und nun war sie so weit weg von zu Hause und konnte sich nicht einmal von ihm verabschieden. Ebenso wenig konnte sie in diesen Umständen ihren Geschwistern und ihrer Mutter beistehen. All das schmerzte sie sehr.

Aber besonders traf es sie, dass keiner der Brüder gekommen war, um ihr beizustehen, sein Beileid auszudrücken und sie zu unterstützen. Stattdessen hatten sie diesen Mann geschickt, um ihr diese schmerzliche Nachricht zu überbringen. Nachdem sie später zurück in Tema war, führte sie ein freundliches Gespräch mit den Brüdern und drückte ihre Traurigkeit über diese Umstände aus. Sie erklärten ihr, es sei für jeden von ihnen sehr schwierig gewesen, diese Nachricht zu überbringen - und dass der entsprechende Bruder dann für allezeit in ihrem Gedächtnis mit dieser Nachricht in Verbindung gestanden hätte. Aus diesem Grund hätten sie es vorgezogen, dass jemand anderes diese Aufgabe übernimmt. Heleen akzeptierte diese Situation einfach als Teil der Kultur und Tradition des Landes, in dem sie nun lebte. Sie verstand diese Gebräuche im Laufe der Zeit immer besser und schon bald sah sie über diesen Vorfall hinweg und arbeitete wieder wie gewohnt mit den Brüdern zusammen, sogar noch liebevoller und gemeinschaftlicher.

## Es geht weiter

Heleen wurde wieder gesund und bewältigte ihre Trauer. Sie setzte ihre Arbeit an der Schule fort und auch die Sammlung für das neue Gebäude - sowohl bei den ägyptischen als auch bei den ausländischen Geschwistern. Im Jahr 1950 wurde das alte Gebäude von einem Erdbeben erschüttert und wurde nun immer baufälliger. Die Wände bekamen Risse und die notwendigsten Reparaturen wurden vorgenommen, aber es wurde jeden Tag klarer, dass ein neues Gebäude vonnöten war. Daraufhin intensivierte Heleen ihre Bemühungen noch einmal.

Die Geldsammlungen zogen sich hin bis in das Jahr 1951. Nun schien die Summe groß genug zu sein, um mit dem Bau zu beginnen und das Vertrauen auf den Herrn zu setzen, dass Er den Bau auch vollenden würde.

## Der Grundstein

Heleen lud ihre Mutter aus Holland ein, damit diese sich mit ihr freuen und den Grundstein für das neue Gebäude legen konnte. Und sie kam! Die Reise war zwar ein völlig neues Abenteuer für sie, doch nach all den Jahren sehnte sie sich nach ihrer Tochter, und ihr Herz für das Werk des Herrn half ihr, dieses Abenteuer durchzustehen.

Bei ihrer Ankunft war sie geschockt, als sie die Lebensbedingungen ihrer Tochter sah. Sie fragte sie unter Tränen, warum sie nie von diesen fürchterlichen Lebensbedingungen geschrieben hatte. Heleen hatte ihrer Mutter mit solchen Sachen nicht noch mehr Kummer machen wollen. Es war schon eine große Last für ihre Mutter, um einen ihrer Söhne zu trauern, der in deutscher Kriegsgefangenschaft gestorben war, als er einen Freund verteidigen wollte.

Ihre Mutter dachte an frühere Jahre zurück und erinnerte sich daran, wie Heleen ihren Brüdern von Natur aus immer sehr ähnlich gewesen war. Sie hatte immer Entbehrungen ertragen und war ihren Brüdern ebenbürtig darin gewesen, in ihrem Leben als Kind Verantwortung zu übernehmen. In jenen Jahren hatte ihre Mutter vieles nicht verstanden, aber nun verstand sie, dass Gott in seinem vollkommenen Plan von Anfang an für alles vorgesorgt hatte: Er hatte Heleens Charakter, ihre Persönlichkeit, ihre Umstände, die Ereignisse in ihrem Leben, ihre Neigungen und Fähigkeiten benutzt, um seine Pläne auch nach vielen Jahren noch zum Ziel zu bringen.

Alle Einwohner von Tema, nicht nur die Geschwister, gaben ihr Bestes, um Heleens Mutter zu ehren und ihr so die Liebe und Anerkennung zu zeigen, die sie für Heleen verspürten. Einer der Stadtältesten schlachtete ein Lamm zu Ehren von Heleens Mutter und gab ihr gleich nach der Schlachtung eigenhändig das beste Stück zu essen, wie es in Oberägypten Tradition war.

Am 14. Februar 1951 legte Heleens Mutter Elizabeth Voorhoeve den Grundstein für das neue Schulgebäude. Darauf waren die Worte „Deine Treue ist groß“ (Klgl 3,23) eingraviert. Dieser Vers blieb ein ständiges Motto für Heleen. Ja, unser Gott verdient es, dass wir seine Treue immer wieder bezeugen. Er ist treu von Anfang an und bleibt treu bis zum Ende. Gepriesen sei sein Name!

Das Werk ging weiter, und es wurde eifrig daran gearbeitet, die Schule schnellstmöglich fertigzustellen. Die Arbeiter wurden jeden Tag entsprechend der verrichteten Arbeit bezahlt. Wenn genug Geld vorhanden war, wurde gearbeitet; wenn das Geld fehlte, stand die Baustelle still. Natürlich tauchten auch Hindernisse auf. Es gab Widerstände und Verzögerungen und doch war jeder Tag ein Beweis der Treue und Güte unseres Herrn. Er sorgte für alle benötigten Dinge zur richtigen Zeit, entsprechend seinem Plan. Er stellte die Baustoffe bereit und bewahrte die Arbeiter und die Baustelle.

Das Werk drohte zu scheitern, als einige Nachbarn darauf bestanden, eine Straße über das Schulgelände zu bauen, um ihre Häuser besser erreichen zu können. Heleen wollte keinen Streit mit ihnen und war bereit nachzugeben. Doch die Nachbarn wurden habgieriger und wollten immer mehr Land für ihre Straße, so dass für die Schule nicht mehr genug Land verblieben wäre. So sah sie sich gezwungen, einen Angehörigen der Stadtverwaltung zu kontaktieren, und der Herr gab ihr Gnade in den Augen dieses Mannes. Er entschied, dass die Schule gebaut werden sollte, und zwar auf dem ganzen Gelände, ohne jeglichen Abzug für die Straße. Er sandte auch eine Gruppe Soldaten auf Kamelen, um die Baustelle zu bewachen und jeden davon abzuhalten, den Fortgang der Arbeiten zu behindern.

Jeder einzelne Ziegelstein dieses Gebäudes wurde unter Gebet und mit Danksagung vermauert, so dass das Vertrauen immer größer wurde und die Schule kurz vor der Fertigstellung stand.

*Heleen mit ihrer Mutter*

# Kapitel 8

# Bethel

„Wir erwarten deine Ankunft so bald wie möglich. Ich hoffe, du hast alle für die Reise notwendigen Vorkehrungen getroffen. Anbei ist eine Liste von Sachen, die du hoffentlich aus Holland mitbringen kannst.“ Das war der Brief, den Heleen ihrer Mutter sandte, um sie zur offiziellen Eröffnung der neuen Schule einzuladen. Sie konnte sich nicht vorstellen, diesen Tag zu verbringen, ohne ihre Mutter bei sich zu haben, die sich mit ihr freute.

## Das neue Gebäude

Noch während der Bauphase wurde das neue Gebäude im Jahr 1952 in Betrieb genommen. Die Zahl der Schüler hatte sechshundert erreicht, wovon sechzig aufgrund unterschiedlicher, besonderer Umstände ständig mit den Lehrerinnen in der Schule wohnten.

Als das Gebäude komplett fertiggestellt war, hatten - einschließlich der Bewohner von Tema - alle den Eindruck, dass Gott selbst diese Schule gebaut hatte. Aus diesem Grund beschloss Heleen, die Schule „Bethel“ (= Haus Gottes) zu nennen.

In dem großen, strahlend weißen Schulgebäude war das Erdgeschoss in Form einer großen Halle angelegt, in der sich die Schüler und Schülerinnen morgens für die erste Stunde und für die Sonntagsschule trafen. Um diesen Saal waren im Halbkreis die Klassenräume und das Büro der Schulleiterin, Miss Voorhoeve, angeordnet, daneben ein kleines Büro für die Sekretärin.

*Lehrerkollegium*

In der Mitte des großen Hauptsaals gab es eine breite Treppe, die sich in zwei Richtungen teilte und in den ersten Stock führte, in dem sich die Wohnunterkünfte für Heleen, die Lehrerinnen und die ständig dort lebenden Schüler befanden.

Das Mobiliar der Schule und der Unterkünfte war nur sehr einfach, aber für ihre Zwecke absolut ausreichend. Es wurden die Dinge genutzt, die gerade vorhanden waren, was nicht eines gewissen Charmes entbehrte. So gab es beispielsweise im Empfangszimmer Boxen aus Pappe, die mit handgewebtem, buntem Stoff verkleidet waren und noch bis heute in Gebrauch sind.

Auf dem Dach des Gebäudes befanden sich die Wohnung des Schulwärters und seiner Familie, daneben eine Waschküche und ein Vogelschlag für Hühner und ähnliche Nutzvögel.

## Die Abschlussvorbereitungen

Zuletzt traf Heleens Mutter ein. Trotz der langen Reise und ihrer zierlichen Gestalt brachte sie drei große Koffer mit. Sie war von Holland nach Kairo geflogen und von dort mit dem Zug nach Tema gefahren. Einige Tage später kam auch Heleens Bruder nach, der sich entschlossen hatte, seiner Mutter zu helfen, die vielen Dinge nach Ägypten zu befördern, um die Heleen gebeten hatte. Außerdem wollte er bei dem großen Eröffnungstag der neuen Schule dabei sein.

Der ganze Platz pulsierte förmlich vor lauter Leben und jeder erledigte seine Aufgaben in einer ordentlichen und organisierten Weise, um alles rechtzeitig zum Abschluss zu bringen. Einige hatten die

Aufgabe, das Gelände auf Vordermann zu bringen, damit es am Eröffnungstag perfekt aussah, andere backten Kuchen für die Verköstigung, wieder andere sollten die Gäste empfangen und das Programm der Feierlichkeiten mitgestalten. Das ganze Gelände wirkte wie ein emsig beschäftigter Bienenstock. Und dabei hatte jeder ein zufriedenes Lächeln auf dem Gesicht und war voller Dankbarkeit. Unter diesen Menschen war auch eine junge Schwester namens Ruth Mikhail. Sie begleitete Heleen in den nachfolgenden vierzig Jahren unermüdlich im Dienst für den Herrn und war eine der Hilfen, mit der Herr seine Dienerin ehrte.

Es gab noch ein großes Problem, das Heleen zu bewältigen hatte: die Bestuhlung. Sie hatte nicht genug Stühle für die Eröffnungsfeier - es wurden mehr als tausend Gäste erwartet. Dabei hatte sie schon alle Stühle der Geschwister am Ort ausgeliehen und auch die Stühle deren Verwandtschaft. Aber selbst diese reichten noch nicht aus. So gab sie kurzerhand allen Schülern für einen Tag frei, damit sie aus ihren Dörfern und von Verwandten so viele Stühle wie möglich besorgen konnten. So gelang es Heleen schließlich, die benötigte Anzahl herbeizubringen.

Viele hatten auch angeboten, Teppiche zu leihen, um sie zur Verschönerung in die Schulflure zu legen. Schließlich war alles fertig und die ersten Gäste reisten an.

## Der lang ersehnte Tag ist da

Es war ein strahlend blauer Himmel und die Sonne lachte, nachdem es zuvor einige Tage bewölkt und stürmisch gewesen war. Am 5. Februar 1954 fuhr um 13 Uhr ein schickes Auto mit der holländischen Flagge vor. Aus diesem Auto stieg der Vertreter der holländischen Königin, der der Schuleröffnungsfeier beiwohnen wollte. Eine Gruppe Kinder in hübschen Kostümen schwenkte Fähnchen, um ihn willkommen zu heißen. Außerdem bot sich ihm der Anblick einer Gruppe berittener Soldaten, alle in ihrer offiziellen Gala-Uniform, die die strahlend weiße Schule umgaben.

*Schuleröffnungsfeier*

Es lohnt sich, an dieser Stelle einmal den Kommentar des Korrespondenten für eine niederländische Tageszeitung wiederzugeben, der den königlichen Gesandten begleitet hatte:

„Für einen Niederländer ist es nicht verwunderlich, eine schöne, neue Schule mit drei Stockwerken zu sehen. Aber es ist durchaus ein Wunder, so eine Schule in einem Dorf in Oberägypten im Jahr 1954 zu sehen! Nachdem wir stundenlang mit dem Zug gefahren waren und nichts anderes als Lehmhütten gesehen hatten, hatte ich nicht erwartet, so ein modernes Gebäude vorzufinden. Das war der Lohn für viel Mühe, die eine junge Niederländerin aufgewendet hatte. Man verspürt in der Tat eine unbeschreibliche Bewunderung." Wir wissen, dass es der Herr war, der durch sie wirkte.

Weitere Gäste kamen an, sowohl aus Ägypten als auch aus dem Ausland. Sie alle wurden in das Haus von Mr. Fawzy Afanndi eingeladen, einem der vornehmen und reichen Männer der Stadt. Wenn man der Beschreibung von Heleens Mutter in dem erwähnten Büchlein folgt, in dem sie ihre Eindrücke festhielt, bekamen sie dort ein „königliches" Abendessen. Aber das war nicht die einzige Einladung, die sie empfingen: Von Freude erfüllt wetteiferten viele Einwohner von Tema, sowohl Christen als auch Muslime, darum, ihre Großzügigkeit und Dankbarkeit zu zeigen, indem sie die Gäste einluden, die noch ein paar Tage länger blieben.

Die Kulisse war beeindruckend: Über tausend Gäste aus vielen Ländern, die die unterschiedlichsten Gesellschaftsgruppen und Altersstufen vertraten, strahlten um die Wette. Sie saßen auf den geliehenen Stühlen im Garten der Schule vor einer kleinen Bühne. Unter ihnen war eine große Gruppe von Schülern in ihren bunten Uniformen; die restlichen Schüler saßen auf dem Balkon des ersten Stockwerks, um diesen historischen Augenblick ihrer Schule mitzuerleben.

Die Gäste wurden von einer Vielzahl von Flaggen und Würdenträgern umgeben, die die Länder repräsentierten, die auf die eine oder andere Weise geholfen hatten, die neue Schule zu bauen.

Die Dächer der umliegenden Häuser waren voller Menschen: Die Bewohner von Tema versammelten sich dort, um dem Spektakel zuzuschauen und sich mitzufreuen.

## Die Eröffnungsfeier

Die Feier begann mit den ägyptischen und niederländischen Nationalhymnen. Danach erschienen zwei Kinder: Das erste Kind trug ein Kissen, das mit einer holländischen Flagge umwickelt war. Darauf lag eine Schere. Das zweite Kind trug ein Kissen, das mit einer ägyptischen Flagge umwickelt war. Darauf lag ein Schlüssel.

Elizabeth, Heleens Mutter, nahm die Schere und durchschnitt das Band, das vor der Tür der Schule gespannt worden war, schloss die Tür mit dem Schlüssel auf und erklärte die Schule zur Freude und Begeisterung aller Anwesenden offiziell für eröffnet.

Bruder Matta Behnam betete laut und deutlich in berührenden Worten. Er dankte dem Herrn immer wieder dafür, dass Er geholfen hatte, diese Schule zu bauen. Sie wurde als göttliches Geschenk für die Geschwister in Ägypten angenommen und Bruder Behnam bat um Segen und Hilfe für die Lehrkräfte, die Hilfskräfte und für die Schüler der Schule. Danach trat Heleen vor und hieß die Gäste willkommen - auf Niederländisch und Arabisch, das sie mittlerweile so flüssig wie die Einheimischen sprach. Anschließend hielten die älteren Schüler eine Willkommensrede.

Darauf folgte eine Rede von Dr. Haleem Shenoda, dem ältesten Arzt in Tema, der von dieser Schule überzeugt war und sie von Anfang an unterstützt hatte. Danach sprach der Bildungsminister der Provinz Sohag über die Wichtigkeit der Bildung, und der Gouverneur von Sohag ermahnte die Eltern, ihre Kinder regelmäßig zur Schule zu schicken.

Anschließend richtete sich der Gesandte der holländischen Königin an die Gäste und sagte: „Ich habe Miss Voorhoeve nur einmal in Holland getroffen und damals dachte ich mir: ‚Was kann eine so junge und zierliche Frau in einer Schule in Oberägypten schon bewirken?' Und nun kann ich meine große und tiefe

Bewunderung für diese wundervolle Schule, die große Zahl an Schülern und diese Gastgesellschaft nicht verbergen. Unser Land ist stolz auf eine Frau wie Sie, Miss Heleen!"

Es folgten viele weitere Reden. Unter anderen sprach auch Bruder Jean André aus der Schweiz über das Haus, das auf dem Felsen gebaut ist. Er hoffe, dass alle Schüler ihr Leben auf Christus, den Felsen, bauen würden, sagte er in seiner Rede und schloss mit den Worten, die später auch vom holländischen Fernsehen ausgestrahlt wurden: „In der Tat ist dies ein wunderbarer Tag voller Ruhm und Glanz. Es ist ein Tag, für den wir Gott aus tiefstem Herzens danken, dem Gott, der diese Schule gebaut hat, indem Er die Herzen und Hände vieler Menschen genutzt hat."

*Eröffnungsreden*

Danach sprachen einige der Schüler, darunter auch ein elfjähriges Mädchen, das Miss Heleen dafür dankte, dass sie nach Ägypten gekommen war und ihr Leben dieser Schule geweiht hatte. Telegramme wurden vorgelesen, die aus dem Ausland gekommen waren, und einige davon waren sehr ermutigend, obwohl sie nur kurz waren. Ein Beispiel dafür war das folgende Telegramm: „Das Haus wird bestehen, weil es auf den Felsen gebaut ist."

## Heleens Dankworte

Zum Abschluss ergriff Heleen selbst noch das Wort in einwandfreiem Arabisch und sagte: „Ich danke allen Anwesenden, ich danke dem Lehrteam der Schule, und ich danke allen, die mir mit Vertrauen in dem Werk beigestanden haben, zu dem der Herr mich berufen hat. Diese Schule ist wirklich ein ‚Bethel', ein Haus Gottes, denn ohne seine Hilfe hätten wir die vielen Hindernisse, die sich uns in den Weg stellten, nicht überwinden können. ‚Wenn der HERR das Haus nicht baut, vergeblich arbeiten daran die Bauleute' (Ps 127,1). Ich habe den Herrn gebeten, mir zu helfen, eure Kinder auszubilden und ihnen beizubringen, echtes geistliches Leben zu erfahren. Darüber hinaus will ich sie in allen Dingen unterrichten, die zum Nutzen und Wohlergehen eures geliebten Landes Ägypten nötig sind."

Und damit war nach zwei Stunden die Eröffnungsfeier abgeschlossen, in der man allen Gästen und Einwohnern von Tema die Freude vom Gesicht ablesen konnte.

*Gäste bei der Eröffnungsfeier*

# Kapitel 9

## Die Hand des allmächtigen Gottes

Heleen übernahm ein neues Motto zur Eröffnung der Schule: „Gott, der Allmächtige“ (1. Mo 48,3), das sie zu dem alten Motto „Deine Treue ist groß“ hinzufügte. Wenn man in ihrer Gegenwart von der Macht und Treue Gottes zu reden beginnt, wird man feststellen, dass sie sofort von ihren Erfahrungen berichtet und Zeugnis davon geben kann. Ihr Mund ist voller Lob und Preis für ihren allmächtigen Gott und treuen Meister.

Die Eröffnung der Schule war nicht das Einzige, was ihr ein gutes Zeugnis ausstellte; auch ihr alltägliches Leben in Ägypten in Gemeinschaft mit dem lebendigen Gott trug dazu bei. Und so dauerte es nicht lange, bis sie einen dritten Vers eingerahmt in den Hauptsaal der Schule hängte: „Der Gott, der mich geweidet hat, seitdem ich bin bis auf diesen Tag“ (1. Mo 48,15).

1955 kam ein junger Mann aus Holland nach Tema. Er hieß Cor Bruins und wollte sich Heleens Schule anschließen. Heleen half ihm, Arabisch zu lernen, und ermutigte ihn, bei ihnen in der Schule zu wohnen. Sie gab sich nicht damit zufrieden, selbst dem Herrn zu dienen, sondern freute sich, wenn sie anderen helfen konnte, auch in den Dienst für den Herrn einzutreten. Cor Bruins hatte ein besonderes Interesse an den Dörfern, die Tema umgaben, und besuchte die dortigen Versammlungen, um das Wort Gottes zu lehren. Sein Dienstbereich wurde im Laufe der Zeit größer und erstreckte sich auch auf andere Bereiche Ägyptens. Er blieb für zehn Jahre dort, und als er den Eindruck hatte, dass sein Dienst in Ägypten beendet war, zog er weiter in den Libanon.

*Familie Cor Bruins zu Besuch bei Heleen*

## Wenn Gott seine Kinder ehrt

Eines Tages im Jahr 1955 sandte die Frau des niederländischen Botschafters in Kairo Heleen eine Einladung, an einer Feier in der Botschaft zu Ehren des Geburtstages der Königin teilzunehmen. Neben Heleen waren noch andere wichtige und angesehene Personen eingeladen. Heleen antwortete ihr, dass sie leider nicht kommen könne, weil genau zu dieser Zeit die Prüfungen „ihrer Kinder“ (wie sie die Schüler ihrer

Schule gern nannte) anstanden. In dieser stressigen Zeit könne sie nicht einfach nach Kairo reisen und die Kinder ohne ihre Fürsorge allein lassen.

Die Frau des Botschafters erhielt Heleens Absage, sandte jedoch erneut eine Einladung, um sie doch noch zu überzeugen. Sie informierte sie darüber, dass sie dort das Ritterkreuz des Hauses Oranien von der Königin von Holland als Anerkennung ihres 18-jährigen Dienstes für die Armen und Bedürftigen in Ägypten verliehen bekommen sollte.

Diese neue Entwicklung führte aber nicht dazu, dass Heleen nach Kairo kam. Im Gegenteil, es bestärkte sie nur in ihrem Entschluss, diese Einladung abzulehnen. Sie war der Auffassung, sie diene dem Herrn und nicht der Königin von Holland. Obwohl sie die Menschen achtete und respektierte, wollte sie doch keine Auszeichnung von ihnen. Das Einzige, was sie, wie jeder wahre und ernste Diener des Herrn, wollte, war die Gunst ihres Gottes. Sie wartete darauf, eines bald kommenden Tages die Worte ihres Meisters zu hören: „Wohl, du guter und treuer Knecht!“ (Mt 25,21).

*Im Unterricht*

In Anbetracht der Tatsache, dass Heleen nicht kommen wollte, entschied die Botschaft nun, einen Gesandten zu schicken, um ihr die Auszeichnung nach Tema zu liefern. Heleen bat jedoch darum, dies komplett geheim zu halten und das Ritterkreuz ohne Fanfaren oder Feierlichkeiten zu übergeben. Man ging davon aus, dass Heleen diese Medaille jedes Mal tragen würde, wenn sie in Holland oder in einer der niederländischen Botschaften war, um dort bevorzugt behandelt zu werden, aber dies geschah nicht ein einziges Mal.

Tatsächlich gelang es ihr, diese Sache geheim zu halten! Niemand wusste von dieser Ehrenauszeichnung, bis der Herr es erlaubte, dass die ganze Sache Jahre später ans Licht kam. Eines Tages, als Heleen an einem holländischen Flughafen war, um von dort zurück nach Ägypten zu fliegen, war gleichzeitig eine Glaubensschwester aus Ägypten dort. Diese Schwester war überrascht, als plötzlich besondere Musik aus den Lautsprechern erschallte und eine bestimmte Zeremonie vollzogen wurde. Da sie wusste, dass diese Behandlung nur solchen Menschen galt, die Auszeichnungen von der Königin erhalten hatten, wollte sie schauen, wer dort geehrt wurde. Nachdem sie sich erkundigt hatte, um wen es sich handelte, erfuhr sie zu ihrer größten Überraschung, dass es niemand anderes als Heleen Voorhoeve war, die das Ritterkreuz der Königin erhalten hatte. So wurde diese irdische Auszeichnung bekannt. Die Trägerin selbst wollte es nicht, aber Gott ließ es so geschehen (vgl. Est 6,11).

## Das Licht strahlt heller

Gott führte sein Werk in der Schule fort; die Schule ging „von Kraft zu Kraft“ und empfing „Gnade um Gnade“ (Ps 84,8; Joh 1,16). Die Zahl der Schüler stieg immer weiter, und viele lernten den Herrn als ihren Retter kennen, hielten fest an der Wahrheit, besuchten die Versammlungsstunden und dienten dem Herrn.

*Zu Besuch bei jungen Schwestern*

Heleens geistlicher Eifer begann die Grenzen der Schule zu überschreiten, indem sie auch in anderen Bereichen diente und Besuche außerhalb der Schule machte. Sie entschloss sich, Jungen und Mädchen aus anderen Schulen in Tema zu wöchentlichen Treffen in verschiedenen Gruppen einzuladen, um das Licht des Evangeliums noch weiter zu verbreiten.

Als diese Treffen immer größer wurden, lag es auf der Hand, dass ein geeigneter Raum gefunden werden musste, der mehr Platz bot. Außerdem mussten mehrere Treffen abgehalten werden, da die verschiedenen Gruppen unterschiedliche Stundenpläne und Umstände hatten. Das Einzige, was Heleen und ihren Mitarbeitern blieb, war zu beten.

Direkt neben der Schule gab es ein Haus, das einer Witwe mit einem kleinen Sohn gehörte. Sie hatte das Obergeschoss an eine Frau vermietet, mit der sie häufig im Streit lag. Die Witwe wollte diese Mieterin loswerden, und man sagte ihr, die einzige Möglichkeit bestünde darin, das Haus abzureißen und ein neues zu bauen. Und tatsächlich riss sie ihr Haus nieder, bemerkte jedoch dann, dass sie nicht das nötige Geld hatte, um ein neues zu errichten. So war sie gezwungen, das Grundstück zu verkaufen. Es gab dafür nur zwei potenzielle Käufer: Heleen und den Nachbarn auf der anderen Seite des Grundstückes.

Doch aufgrund ihres kleinen Sohnes lag die Entscheidung nicht allein in der Hand der Witwe. Sie bekam einen Richter zur Seite gestellt, der die Rechte des Sohnes vertreten sollte. Dieser Richter entschied, dass das Land in einer Auktion versteigert werden sollte. Die Auktion startete mit 5 ägyptischen Pfund. Es wurden erst 10 Pfund, dann 15 Pfund geboten, und so ging es weiter, bis der Preis bei 745 Pfund angelangt war. Heleen sprach daraufhin ein Stoßgebet: „Herr, ich habe nur 750 Pfund und wir brauchen das Land wirklich. Ich bitte dich, Herr, greif doch ein!“

Sie nahm all ihren Mut zusammen und sagte: „750 Pfund." Ihr Konkurrent schwieg und der Richter beendete die Auktion mit dem Zuschlag für Heleen. Jedes Mal, wenn Heleen diese Geschichte erzählt, fügt sie mit einem Lächeln hinzu: „Ich wünschte, ich hätte eher gebetet, als der Preis noch bei 500 oder weniger Pfund lag – ich hätte eine Menge Geld sparen können!" Trotzdem hatte sie eine Erfahrung gemacht, die eine bereits bestehende Gewissheit in ihrem Herzen vertiefte: dass Gott uns erhört, wenn wir Ihn bitten, und in seiner Weise und zu seiner Zeit eingreift.

Die Auktion fand im Jahr 1958 statt. Ein Gebäude wurde auf dem Grundstück errichtet und „Haus des Lichts" genannt. Es wird seitdem bis heute genutzt, um Schüler aus anderen Schulen zu erreichen. Außerdem fanden die Tabitha-Treffen und andere geistliche Zusammenkünfte dort statt. Dieser ganze Dienst wurde eines der Kennzeichen der Arbeit in Tema. Viel Segen wurde in diesem Gebäude empfangen, viele fanden Christus in diesen Mau-

*Tabitha-Treffen*

ern und viele wuchsen dort in der Erkenntnis Gottes. Wenn ein Diener des Herrn einen Auftrag verspürt, der aus der Gemeinschaft mit dem Herrn und tiefer Liebe zu Ihm und den verlorenen Seelen entspringt, dann kann er sich sicher sein, dass der Herr sich darum kümmern wird und die Arbeit segnet - zu Gottes Herrlichkeit.

## Das Haus des Lichts

Im Jahr 1959 gab es ein neues Gesetz, das die „Ägyptisierung aller Schulen“ forderte. Das bedeutete, dass alle Eigentumsrechte und die Verwaltung von jeder ausländischen Person oder Gesellschaft auf Ägypter übertragen werden sollten. Zu dieser Zeit war Heleen Geschäftsführerin und Leiterin der Bethel-Schule. Das Gesetz setzte eine dreijährige Frist, in der alle Angelegenheiten geregelt werden sollten und das Gesetz umgesetzt werden musste. Aber so lange wartete Heleen nicht: Sie marschierte zum Bildungsministerium in Sohag (der Provinzhauptstadt) und erklärte, dass die Schule ägyptisches Eigentum sei und den Versammlungen der „Brüder“ in ganz Ägypten gehöre. Sie informierte die Behörde, dass ein Ägypter, Herr Shawky Ageeb, zum Geschäftsführer und eine Ägypterin, Frau Isis Saad Younan, zur Leiterin ernannt worden waren.

Der Direktor des Bildungsministeriums reagierte sehr wohlwollend und brachte den hohen Respekt zum Ausdruck, den Heleen in den Augen der Behörde genoss. Heleen war bekannt für ihre Anstrengungen und Mühen und für ihre harte Arbeit und hatte einen ausgesprochen guten Ruf. Wörtlich sagte der Direktor: „Dieses Gesetz sollte Menschen wie Sie gar nicht treffen, weil wir wissen, dass Sie die Ägypter lieben und treu unter ihnen arbeiten.“ Er fragte sie, ob sie nicht warten wolle, bis die Dreijahresfrist abgelaufen sei, für den Fall, dass sich das Gesetz noch einmal ändere oder sie eine Kompromisslösung fänden, etwa in der Art, dass der neu eingestellte Geschäftsführer für die Grundschule und Heleen für die Mittelstufe zuständig sein sollte. Doch Heleen war entschlossen, die Formalitäten so zu regeln, wie sie beabsichtigt hatte. Eine Stellung in der Gesellschaft interessierte sie nicht und war ihr nicht wichtig. Sie war damit zufrieden, die Ehre zu haben, dem Herrn in jeder erdenklichen Form dienen zu dürfen.

Während Heleen die Formalitäten erledigte, landeten die Unterlagen bei einem der Büroangestellten im Ministerium. Er bemängelte den Namen der Schule, „Bethel“, und behauptete, er sei als hebräischer Name nicht in Übereinstimmung mit dem Sinn des Gesetzes, die Schulen zu ägyptisieren. Er schlug eine Reihe von Alternativen vor, bis Heleen schließlich sagte: „Der Name der Schule heißt ‚Haus Gottes‘ und Gott ist Licht. Deshalb werde ich die Schule umbenennen in ‚Schule des Lichts'." Der Sachbearbeiter hatte keine Probleme damit und sagte nur: „Keine Einwände, es heißt ja: Wissen ist Licht." Und so kam es, dass die Schule diesen Namen bekam, den sie bis heute trägt.

Entsprechend den neuen Bedingungen war es notwendig, eine neue, unabhängige und offizielle Organisation zu schaffen, die alle nichtschulischen Aktivitäten umfassen sollte. Dazu gehörten beispielsweise die Tabitha-Treffen oder die evangelistische Kinderstunde im „Haus des Lichts". Diese neue Organisation wurde wieder „Bethel" genannt und bildete nun den offiziellen Rahmen für Heleens Arbeit.

## Dein Dienst ist beendet

Aufgrund der Umbrüche in Ägypten und den Veränderungen in der Schule schickten die Geschwister aus den Niederlanden im Jahr 1959 eine Nachricht an Heleen. Sie meinten, es wäre besser, wenn Heleen ihren Dienst in Ägypten beenden und wieder nach Holland zurückkommen würde. Heleen konnte das jedoch nicht nachvollziehen. Sie hatte das Empfinden, dass ihr Dienst dort noch nützlich war und der Herr von ihr wollte, dass sie in Ägypten, und insbesondere in Tema, blieb.

Der Fall zog Kreise. Auch Brüder aus Deutschland hatten von der veränderten Situation in Ägypten gehört und dachten ähnlich wie die Brüder aus Holland. Hinzu kam, dass Cor Bruins diese Einschätzung teilte und nach Hause zurückkehrte.

Die ägyptischen Brüder nahmen sich nun der Sache an. Bruder Matta Behnam setzte die Brüder aus dem Ausland darüber in Kenntnis, dass die Geschwister in Ägypten wünschten, Heleen solle ihren Dienst in Tema fortsetzen. Damit war die Sache erledigt - und alles kehrte zu seinem gewohnten Lauf zurück. Heleen setzte ihren Dienst in Tema fort und die Herzen der Geschwister wurden durch diese Entscheidung gestärkt.

*Heleen im Büro der Schule bei Verwaltungsaufgaben*

# Kapitel 10

## Ein Tag in Heleens Leben

*Bei der Arbeit*

Heleen war bekannt für ihre Dynamik und enorme Tatkraft. Sie stand gewöhnlich um 7 Uhr morgens auf und begann den Tag, indem sie Zeit allein im Gebet und mit dem Lesen der Bibel verbrachte, einem Buch, das sie niemals vernachlässigt hat. Nur sehr selten hat sie irgendwelche anderen Bücher gelesen. So bekam sie jeden Tag die nötige Kraft von oben und konnte ihre Pflichten tun und den Willen Gottes darin vollenden.

Danach frühstückte sie. Zu Beginn mussten alle Lehrerinnen für ihr eigenes Frühstück sorgen, besonders für das Brot. Heleen erinnerte sich daran, dass Schwester Fayka es für viele Jahre auf sich genommen hatte, sie mit „sonnengetrocknetem Brot"[6] zu

6 Offensichtlich eine Tradition in Oberägypten, bei der der rohe Teig vor dem Backen erst eine Zeit lang in der Sonne getrocknet wird.

versorgen. Nachdem die neue Schule gebaut worden war, konnten sie jeden Morgen gemeinsam frühstücken.

Die Morgenversammlung für die Lehrerinnen begann um 7:45 Uhr, unmittelbar vor Beginn des Schultages. Man konnte Heleen dann mit ihrer blauen Uniform und ihrem roten Kopftuch als Erste im Lehrerinnenzimmer antreffen. In dieser Versammlung sangen sie dann einige Lieder und Heleen las ein Kapitel aus der Bibel oder etwas aus dem Kalender „Der Herr ist nahe" vor oder aber ein Bruder war gerade in der Gegend zu Besuch und kam dann in diese Morgenversammlung.

Um 8 Uhr ging sie in die Haupthalle, wo die christlichen Schüler schon versammelt waren. Dort sang sie dann mit den Kindern einige Lieder und anschließend bekamen sie eine Geschichte aus der Bibel erzählt. Am Ende dieser Viertelstunde brachte sie ihnen einen Bibelvers bei, den sie behalten sollten. So hörte jedes Kind im Lauf eines Schuljahres 150 biblische Geschichten und lernte 150 Bibelverse auswendig. Und nun muss der Leser noch bedenken, dass die Kinder normalerweise (vom Kindergarten an bis zur siebten Klasse) acht Jahre an der Schule verbrachten. Was war das für ein Schatz für diese Kinder, so eine segensreiche Schule zu besuchen!

Um 8:15 Uhr trafen sich alle Schüler und Lehrer für etwa 15 Minuten im Garten der Schule. Miss Heleen war währenddessen auf dem oberen Balkon, von wo aus sie dieses Treffen verfolgte. Auch bei diesem Treffen wurde wieder Musik gespielt und im Anschluss wurden die Schüler in ihre Klassen entlassen, während Heleen in ihr Büro ging, um ihre Arbeit fortzusetzen. Dort verbrachte sie jedoch nicht viel Zeit, sondern lief mit ihren flinken Schritten in der Schule hin und her, um jeden Bereich des Schullebens zu inspizieren: den Lernfortschritt in den Klassen, die Angelegenheiten der Schüler, die Sauberkeit des Gebäudes und das restliche Werk mit all seinen Kleinigkeiten.

*Heleen mit dem Akkordeon*

Heleen war in der ganzen Schule dafür bekannt, jeder Person mit Respekt zu begegnen. So holte sie sich vor jedem Rundgang durch die Schule die Erlaubnis des Geschäftsführers oder der Schulleiterin, obwohl sie selbst diese Schule ja gewissermaßen gegründet hatte. Ungeachtet ihrer langen Geschichte mit dieser Schule und dem tiefen Respekt, den ihr jeder entgegenbrachte, ging sie mit jedem Einzelnen, egal, welche Arbeit er verrichtete, verständnisvoll, liebevoll und mitfühlend um.

Nachdem die Schüler die Schule um 14:30 Uhr verlassen hatten, machte Heleen eine kurze Mittagspause und erledigte anschließend den Rest ihrer Arbeit.

Abends ging sie dann zur Versammlungsstunde[7]. Es war ihr eine Freude, jeden Abend in der Gegenwart des Herrn mit den Seinen versammelt zu sein. Nach der Versammlung aß sie zu Abend und verbrachte einige Zeit damit, Briefe zu schreiben oder sich auf den nächsten Tag vorzubereiten. Gegen Mitternacht ging sie zu Bett, bereit für einen neuen Tag.

## Der Herr wird behüten deinen Ausgang und deinen Eingang

Heleen erfuhr immer wieder die Treue des Herrn. Sie berichtete von mehreren Begebenheiten, die diese Tatsache bestätigen.

Eines Tages erhielt sie einen Anruf von einem Mädchen aus einem anderen Dorf. Es bat Heleen um Hilfe, weil es sich in einer schwierigen Situation befand und sein Leben in Gefahr war. Das Mädchen bat Heleen, zu ihr zu kommen, um es mit nach Tema zu holen. In ihrer täglichen Bibellese hatte Heleen an diesem Tag die Worte gelesen: „Und Josaphat,

7 In Ägypten hat man (bis heute) die Gewohnheit, jeden Abend christliche Zusammenkünfte abzuhalten.

der König von Juda, kehrte in Frieden zurück in sein Haus“ (2. Chr 19,1). Dadurch fühlte sie sich ermutigt, ungeachtet der Gefahren, die dieses Unterfangen mit sich brachte, dieses Mädchen aus ihrem Dorf namens Abnoub El Hammam zu holen. Sie bat die anderen Lehrer, besonders für sie und die Situation zu beten, und machte sich auf den Weg.

Heleen musste sowohl auf dem Hinweg als auch auf dem Rückweg durch Asyut reisen und beschloss daher, einen mittelgroßen Koffer mitzunehmen, um einige Dinge einzukaufen, die sie in Tema nicht bekommen konnte. Sie packte 25 ägyptische Pfund in ihren Koffer, um damit einige Stoffe für die Tabitha-Projekte und Notizbücher zu erwerben.

Nachdem sie in Asyut angekommen war, erkundigte sie sich nach dem Weg nach Abnoub El Hammam, da sie vorher nie dort gewesen war. Ihr wurde gesagt, sie müsse den Bus in Richtung Abnoub nehmen und von dort aus könne sie nach Abnoub El Hammam weiterfahren. Sie tat, wie ihr gesagt worden war, und bat den Busfahrer, sie in Abnoub El Hammam aussteigen zu lassen.

Plötzlich rief der Fahrer: „Hier musst du raus, O'Sett“. Sie stieg schnell aus und der Bus fuhr sofort weiter. Nachdem sie ausgestiegen war, fand sie drei Männer an der Straße sitzend, die sie nach der Adresse fragte, die ihr von dem Mädchen genannt worden war. Doch jetzt erfuhr sie, dass sie zu früh ausgestiegen war und sich in Abnoub und nicht in Abnoub

El Hammam befand. Sie könne jedoch entlang der Straße gehen und würde so ans Ziel kommen, meinte der Erste. Der Zweite empfahl ihr einen Weg durch die Felder, der kürzer sei, und der Dritte sagte gar nichts. Heleen entschloss sich für den kürzeren Weg; das Angebot, begleitet zu werden, schlug sie jedoch aus. So ging sie durch die Felder, in der Hoffnung, schnellstmöglich anzukommen.

Bald bemerkte sie jedoch, dass ihr jemand folgte: Es waren die beiden Männer, die ihr den Weg beschrieben hatten. Sie spürte, dass sie in Gefahr war, und ging schneller. Als auch die beiden Männer ihr Tempo beschleunigten, begann sie zu rennen, während sie in ihrem Herzen schrie: „Oh Herr!“ Als die beiden Männer immer näherkamen, warf sie den Koffer weit von sich weg, um die Männer von sich abzulenken. Dann rannte sie wie der Wind, während die beiden Männer sich den Koffer schnappten und anschließend wieder zügig die Verfolgung aufnahmen. Immer wieder wiederholte sie ihr Gebet: „Oh Herr, oh Herr!“

Fast hatten sie sie eingeholt, als plötzlich ein junger Mann aus einer anderen Richtung erschien. Als die beiden Männer diesen jungen Mann sahen, warfen sie Heleen den Koffer zu und sagten: „Tu so, als sei nichts passiert.“ Danach verschwanden sie. Der junge Mann berichtete Heleen: „Ein alter Mann, der an der Straße saß, hat mich geschickt. Er sagte: ‚Geh und rette eine junge Ausländerin. Sie ist dort entlang gegangen und zwei böse Männer verfolgen sie.'" Dieser alte Mann war der dritte Mann gewesen, der ihr gar keine Antwort gegeben hatte. Der junge Mann gab ihr noch den Rat, so etwas nie wieder allein zu machen.

So kam Heleen schließlich nach Abnoub El Hammam. Sie begleitete das Mädchen nach Tema, kaufte auf dem Rückweg in Asyut die Dinge ein, die sie noch brauchte, und kam sicher und mit all ihren Habseligkeiten nach Tema zurück. Dies war eine der besonderen Geschichten, die sie zu erzählen wusste.

## Rettung in Unglücksfällen

Heleen erfuhr oft göttliche Hilfe, aber das heißt nicht, dass ihr Leiden komplett erspart blieb. Gott verspricht uns nicht, dass Er uns vor Schwierigkeiten verschont, obwohl Er das sicherlich auch oft tut, aber Er verspricht uns, in unseren Problemen und Schwierigkeiten mit uns zu sein.

Einmal wollte Heleen etwas aus einem Regal holen, aber weil sie so klein war, brauchte sie einen Stuhl, um an die Sache heranzukommen. Sie verlor jedoch das Gleichgewicht, fiel hin und eine Menge schwerer Gegenstände fielen auf sie herab. Ein anderes Mal war sie auf einer Straße unterwegs, als sie wegen eines Schlaglochs stolperte und hinfiel. Sie hatte eine Gehirnerschütterung und verlor das Bewusstsein. Nach einiger Zeit wachte sie wieder auf, und als sie aufstand, hatte sie Schmerzen. Sie wollte nicht, dass jemand davon erfuhr, doch eine Frau hatte den Vorfall von ihrem Balkon aus beobachtet und berichtete davon.

Einmal war sie gerade dabei, eine Reise nach Holland anzutreten, als sie von einem Hund gebissen wurde. Die Lage war ernst: Während der Reise musste sie sich viel bewegen, außerdem wusste sie nicht, ob der Hund vielleicht Tollwut hatte. Sie war gezwungen, ihre Reise anzutreten, und hinterließ den Hund den Geschwistern in Tema, um darauf aufzupassen. Falls er starb, hieß das, dass er Tollwut hatte und sie sich behandeln lassen musste; starb er nicht, mussten nur ihre Wunden heilen. Nach einer sehr sorgenvollen Zeit bekam sie in Holland die Nachricht, dass es dem Hund weiterhin gut gehe und sie sich keine Sorgen zu machen brauche. Auch in Holland hatte sie einige Schwierigkeiten, die dazu führten, dass sie sich ein Bein brach und einen Gipsver-band tragen musste.

Ein anderes Mal war die Sache schon etwas ernster: Sie rutschte im Badezimmer aus und zog sich dabei eine erhebliche Verletzung zu. Mit dem Kopf schlug sie auf der Badewanne auf und wurde bewusstlos, aber der Herr hatte dafür gesorgt, dass andere von draußen den Schlag hörten und sie sofort medizinische Hilfe bekam.

Vielleicht wunderst du dich nun darüber, dass der Herr Dinge wie diese zulässt, vor allem, wenn es sich um seine Diener handelt. Aber es gibt keinen Grund, sich darüber zu wundern. Sagte nicht schon der Psalmdichter: „Zahlreich sind die Widerwärtigkeiten [o. Unglücksfälle] des Gerechten, aber aus ihnen allen errettet ihn der HERR“ (Ps 34,20)? Der Herr wird dadurch verherrlicht, dass Er uns *vor* Versuchungen und Unfällen bewahrt, aber Er wird auch dadurch verherrlicht, dass Er uns *in* Versuchungen und Unfällen bewahrt. Oft gebietet Er dem Wind, still zu sein, aber in anderen Situationen gibt Er uns die Kraft, über das stürmische Wasser zu gehen, obwohl die See tobt.

## Ungewöhnliche Reisen

In Heleens Leben mangelte es auch durchaus nicht an einigen lustigen Situationen und in ihrer fröhlichen Art erzählte sie diese Geschichten gern.

Einmal wollte sie nach Mallawi fahren und musste einen stark überfüllten Zug nehmen. Weil der Zug so voll war, konnte sie nicht durch die Tür einsteigen und kletterte kurzerhand durch ein Fenster. Als sie drinnen angekommen war, fand sie sich als einzige Frau mitten in einer Gruppe von Offizieren und Soldaten wieder. Und bei jeder Station wurde es noch voller. Da der Zug fünf Stunden Verspätung hatte, war es schon Nacht und sehr dunkel, als er endlich an Heleens Ziel ankam, und der Bahnhof war nur spärlich beleuchtet. Heleen bat die Leute, doch Platz zu machen, damit sie zur Tür komme, aber es war so eng, dass das unmöglich war. Also hoben die Soldaten sie hoch und ließen sie durch das gleiche Fenster hinunter, durch das sie in den Zug hineingekommen war.

Auf dem Bahnsteig rückte sie ihre Kleidung zurecht und wollte schon gehen. Plötzlich rief sie laut: „Ich bin in Dayrut, nicht in Mallawi!" Der Zug war schon im Begriff, den Bahnhof wieder zu verlassen. Doch es war Nacht und der nächste Zug wäre nicht vor dem nächsten Morgen gekommen. Zudem war die Strecke zwischen beiden Städten erheblich. Der Gepäckträger hörte ihren Schrei, und da er es gewohnt war, schwere Gegenstände zu heben, packte er sie und schob sie und ihren Koffer in das erste offene Fenster, das er finden konnte, während der Zug sich bereits in Bewegung setzte. Schließlich kam sie in Mallawi an, nachdem sie dreimal durchs Fenster gestiegen war.

# Kapitel 11

## Wenn eines Menschen Wege dem HERRN wohlgefallen

Für Heleen und die Schule überschlugen sich in den nächsten Jahren die Ereignisse. 1959 begann die evangelistische Sonntagsschule im „Haus des Lichts“ für Kinder anderer Schulen. 1964 war Heleen gezwungen, die Mittelschule einzustellen, um der immer weiter wachsenden Nachfrage der Grundschule gerecht zu werden. Sie spürte, wie wichtig es war, die Kinder schon in jungen Jahren zu prägen. Außerdem konnte sie gleichzeitig die Absolventen der Grundschule einladen, die Versammlungsstunden zu besuchen, und diese konnten wiederum ihre Freunde einladen. 1965 verließ Cor Bruins Tema endgültig, um sich in Beirut im Libanon niederzulassen.

1966 erreichte die Zahl der Schüler die 1 000er-Marke. Sie wurden von insgesamt 52 Lehrern und Lehrerinnen unterrichtet, von denen einige schon seit über fünfzehn Jahren in der Schule tätig waren.

1967 gab es nach der Niederlage im ägyptisch-israelischen Sechstagekrieg einige Übergriffe auf ausländische Schulen. Obwohl diese Neuigkeiten auch Tema erreichten, schützte der Herr die Schule und gab ihr und ihren Mitarbeitern Gnade in den Augen aller Menschen, so dass sie in Ruhe und Frieden leben konnten.

1968 ging Elizabeth, Heleens Mutter, heim. Heleen trauerte sehr um sie. Als Cor Bruins davon hörte, war sein Kommentar: „Den größten Teil ihres Lebens war sie von ihren Eltern getrennt und noch nicht einmal von einem der beiden konnte sie sich verabschieden.“ Dieses Mal kamen die Geschwister und viele andere Menschen aus Tema, um Heleen zu trösten, aber sie lernte, all ihren Trost allein im Herrn zu finden, und gewöhnte sich an, anderen erst nach einer gewissen Zeit von solchen Neuigkeiten zu erzählen. In der Tat gingen alle ihre Familienangehörigen nach und nach heim, bis 1995 auch ihr letzter leiblicher Bruder entschlief. Sie behielt diese Nachrichten dann immer eine Zeit lang für sich, um niemanden damit zu belasten.

Neben ihren geistlichen Tätigkeiten schenkte Heleen auch der sozialen Arbeit ihre Aufmerksamkeit, um den Menschen in Tema zu helfen. Sie betrachtete Tema als „ihre Stadt“ und hatte dabei den Vers vor Augen: „Also nun, wie wir Gelegenheit haben, lasst uns das Gute wirken gegenüber allen“ (Gal 6,10). So sorgte sie beispielsweise mit ihrem persönlichen Geld oder in Zusammenarbeit mit der holländischen Botschaft dafür, dass genug Geld zusammenkam, um Matratzen und Ausstattung für das örtliche Krankenhaus zu kaufen. Sie spendete Geld für die Errichtung einer Überdachung am Taxi- und Busbahnhof der

Stadt und für die Einrichtung eines Toilettenbereiches in der Mädchenoberschule. Sie sorgte dafür, dass im Stadtpark ein Kinderspielplatz errichtet wurde. Sie half ärmeren Schülern, ihr Schulgeld zu bezahlen. All das tat sie aus echter Liebe, ohne zu wissen, dass ihr diese Bemühungen in kommenden schweren Tagen noch sehr zum Vorteil gereichen sollten.

## Besuche von geliebten Brüdern

Heleen hatte gern Besuch von ausländischen Brüdern, die durch Ägypten reisten. Sie genoss ihre Gebetsunterstützung und ihre praktischen Ratschläge. Es war ihr wichtig, dass sie als Augenzeugen den Geschwistern, die sie von Anfang an unterstützt hatten, ein Bild von der Arbeit in Tema übermitteln konnten. Sie wollte, dass ihr Dienst transparent und überprüfbar war, und war davon überzeugt, dass das für jeden Diener des Herrn von höchster Bedeutung ist.

1969 besuchte der Bibellehrer Hendrik L. Heijkoop aus Holland Ägypten. Er wurde gebeten, doch auch Tema zu besuchen, und tatsächlich kam er und sah den Umfang des Werkes: die Schularbeit, die Tabitha-Treffen und die evangelistische Sonntagsschule für Schüler anderer Schulen. Er war erstaunt über das geistliche Niveau der Treffen und die Anzahl der Teilnehmer, die davon profitierten. Das Werk überzeugte ihn, und er sah, dass es viele Möglichkeiten gab, das Wort Gottes zu verbreiten. Er war ein Augenzeuge, der den Geschwistern in Europa treu Bericht erstattete.

Heleen profitierte auch von Bruder Heijkoops Besuch: Er versprach, ihr zukünftig jedes Jahr 6 000 arabische Andachtskalender schicken zu lassen – bis er heimginge.

Es war jedoch nicht immer angenehm, Ausländer in Oberägypten zu empfangen. Manchmal hatte Heleen Probleme, weil die ägyptische Kultur nicht leicht zu verstehen war. Einer ihrer schwierigsten Momente war die folgende Geschichte.

*H. L. Heijkoop zu Besuch in Ägypten*

## Zu Gast auf der eigenen Beerdigung

1970 sandte Bruder Shawky, der Geschäftsführer, Heleens Pass wie jedes Jahr nach Sohag, der Provinzhauptstadt, um ihre Aufenthaltsgenehmigung von den Behörden verlängern zu lassen, was einmal pro Jahr nötig war. Doch anstatt den Pass wie üblich nach einigen Tagen wiederzubekommen, wurde er zu seiner Überraschung zu einem Verhör vorgeladen! Nach einem sehr harten und erschöpfenden Verhör wurde ihm die Rückgabe des Passes verweigert, und es wurde ihm mitgeteilt, dass der Pass sich nun in Kairo befände.

Am folgenden Montag kamen einige Männer des Ministeriums für Innere Sicherheit in die Schule nach Tema. Heleen bewirtete sie mit der üblichen Großzügigkeit und fragte nach ihrem Pass. Ihre Antwort war, dass sie zum Ministerium für Innere Sicherheit in Kairo gehen und dann sofort zurück in ihr Heimatland reisen müsse. Sie lehnten es ab, ihr irgendwelche Gründe oder Details zu nennen und sagten nur: „Packen Sie all Ihre Habseligkeiten ein, Sie werden nie wieder hierher zurückkehren!" Als Reaktion auf diese Anweisung entgegnete Schwester Fayza, Heleens persönliche Assistentin: „Doch, sie wird zurückkehren, weil das der Wille Gottes ist." Da der letzte Zug Tema schon verlassen hatte, bekam sie eine Gnadenfrist von 24 Stunden gesetzt, um ihre Zelte dort abzubrechen.

Heleen rief Miss Fatt-heya, eine Mitarbeiterin der Schule, zu sich und schloss die Tür hinter ihnen. Sie entschied, die Auszahlung der Löhne und Gehälter für die Angestellten für ein Jahr im Voraus vorzubereiten, um deren Lebensunterhalt für den Fall sicherzustellen, dass sie Ägypten wirklich verlassen musste. Da sie nicht genug Geld hatte, ging sie am nächsten Morgen sehr früh zur Bank, um auch den Rest des benötigten Geldes zu besorgen.

Die Neuigkeit verbreitete sich rasend schnell. Zunächst unter den Gläubigen in Tema – mit der Bitte um Gebet, damit der Herr in dieser schwierigen und akuten Situation doch eingreifen möge. Noch bevor der Zug sie nach Kairo bringen konnte, hatte sich die Nachricht in ganz Tema verbreitet. Auf dem Weg zum Bahnhof folgten ihr Menschenmassen, Männer und Frauen, Christen und Muslime, die vor Zuneigung weinten! Wann immer Heleen von diesem Moment berichtete, kommentierte sie es so: „Ich habe meine Beerdigung mit meinen eigenen Augen gesehen."

Auf ihrem Weg nach Kairo traf sie sich mit Bruder Saleh Moussa und seiner Frau, die sie ermutigten und stärkten. Als sie in Kairo angekommen war, wartete der Fahrer der niederländischen Botschaft bereits auf sie. Er begleitete sie zur Botschaft, wo sie den Botschafter persönlich traf. Er hatte sie mit seiner Frau schon einmal in Tema besucht und schätzte ihre Arbeit und ihren Dienst sehr. Dennoch musste er ihr mitteilen, dass die Lage sehr ernst war. In letzter Zeit waren mehr als sechzig Ausländer des Landes verwiesen worden, von denen einige schon eine lange Zeit in Ägypten gewesen waren.

Nach drei Tagen ging sie zum Ministerium für Innere Sicherheit, um nach ihrem Pass zu fragen. Die Antwort war, dass sie ihn unter der Bedingung zurückerhalten würde, dass sie Ägypten sofort verlasse. Man sagte ihr, sie sei auf der „Schwarzen Liste" derer, denen die Einreise nach Ägypten ab sofort verboten sei. Man gab ihr bis zum kommenden Samstag Zeit, das Land zu verlassen.

Heleen bestand darauf, dass man ihr sagte, warum sie des Landes verwiesen würde. Als Gründe wurden angeführt, dass sie so viele Ausländer in Tema empfange, dass sie einen so regen Briefwechsel habe, und auch ihre Bankkonten seien ein Grund. Das alles mache sie zu einer verdächtigen Person mit unerwünschten Tätigkeiten.

Der holländische Botschafter verdoppelte seine Anstrengungen bis in die höchsten Kreise der Regierung. Er wollte den Innenminister sprechen, um ihm die Sache vorzulegen. Seiner Meinung nach sollte sich der Staatssekretär nach Heleen erkundigen und dann den Fall entscheiden. Schließlich erreichte er, dass der Staatssekretär einen Termin machte und Heleen zwei Wochen später empfangen wollte. Der Botschafter gab ihr einen Empfehlungsbrief mit, in dem er den Sachverhalt erklärte, und sagte zu ihr, sie brauche Gottes Hilfe, um mit diesem Mann zurechtzukommen, da er als schwierige Person bekannt sei. Heleen konnte aufgrund der heiklen Lage nirgendwo bei Geschwistern untergebracht werden und musste in einem einfachen Hotel bleiben, da auch in der Botschaft keine Übernachtungsmöglichkeit bestand.

Zur vereinbarten Zeit kam Heleen in das Innenministerium. Sie wurde von einem Raum in den anderen geführt und in jedem musste sie eine andere Prozedur über sich ergehen lassen. Schließlich wurde sie in einen großen Raum gebracht, in dem nur ein einziger Schreibtisch stand. Auf dem Namensschild konnte sie ablesen, dass es sich um den Sekretär des Innenministers handelte, und sie fragte ihn, wie sie sich in der Gegenwart des Ministers verhalten solle. Er gab ihr eine freundliche Einführung.

Nach einer Weile wurde sie ins Büro des Ministers gebeten, der sie stehend empfing. Sie gab ihm den Empfehlungsbrief des Botschafters, den dieser jedoch nur zur Seite warf. Das schien kein besonders ermutigender Start zu sein! Aber Heleen hörte nicht auf, in ihrem Herzen darum zu bitten, dass der Herr ihr Gnade in den Augen dieses Mannes geben möge.

Sie saß dem Minister nun still betend gegenüber. Er fragte sie: „Warum wollen Sie in Ägypten bleiben?“, und sie antwortete: „Ich liebe Ägypten und will es nicht verlassen. Meine Jungen und Mädchen sind jetzt gerade in Tema dabei, ihre Prüfungen zu schreiben und Sie wissen, dass Kinder Schwierigkeiten bekommen, wenn sie ihre Mutter in dieser Zeit nicht an ihrer Seite finden. Ich liebe sie und möchte ihnen in dieser Zeit zur Seite stehen."

Der Minister hörte ihr zu, während er einige Papiere durchblätterte, die zu Heleens Fall gehörten. Schließlich lächelte er, was er für gewöhnlich nicht tat, und sagte nur kurz: „Sie dürfen zurück nach Tema." Heleen war überglücklich, dass das Treffen so ausgegangen war. Sie dankte dem Minister und ging. Danach kehrte sie zur Botschaft zurück, um den Botschafter über das Ergebnis zu informieren.

Am nächsten Tag ging sie zu dem Beamten, der ihr gesagt hatte, sie sei auf der „Schwarzen Liste", um ihm die geänderte Sachlage mitzuteilen. Dieser sagte ihr jedoch, sie könne in Kairo bleiben, dürfe aber nicht zurück nach Tema. Sie antwortete ihm: „Der Minister hat mir gesagt, ich soll zurück nach Tema gehen, und ich glaube ihm. Wollen Sie ihm etwa nicht glauben? Außerdem ist Tema meine Stadt, entweder Tema oder gar nichts."

Von diesem Tag an hatte dieser Ausdruck „Tema ist meine Stadt" eine besondere Bedeutung für sie und einen wunderbaren Klang für jeden Hörer, besonders, wenn er in einem echten oberägyptischen Dialekt gesprochen wurde. Der Mann fügte sich schließlich ihrem Wunsch.

Der Herr gab ihr auch Gnade in den Augen eines einfachen Sachbearbeiters im Büro der Behörde. Er riet ihr, nicht nach Tema zurückzukehren, bevor sie nicht alle Dokumente bekommen hatte, die die

Entscheidung des Ministers bestätigten, so dass sie in Zukunft niemand mehr in Schwierigkeiten bringen könne. Sie musste bis zum Wochenende bleiben, bis sie die nötige Erlaubnis bekam. Doch dann nahm sie den Zug, der mit zwei Stunden Verspätung in Tema ankam. Die Neuigkeiten hatten sich schon verbreitet und ganz Tema kam, um sie zu begrüßen. Die Menge wurde angeführt vom Parlamentsabgeordneten von Tema und auch viele ihrer Lieben waren dort.

Sie bat sie alle, keine Anzeichen von Feierlaune zu zeigen, nicht zu jubeln und erst recht keine Salutschüsse in die Luft abzugeben, wie sie es hatten machen wollen. Sie wollte nicht die Gefühle derer verletzen, die für die Situation verantwortlich waren, und sie nicht verbittern. Obwohl sie sie sehr gehässig behandelt hatten, wollte sie keine Rache.

Dank des Dokuments, das die Entscheidung des Ministers und das Aktenzeichen enthielt, war Heleen in der Lage, ihren legalen Aufenthalt in Tema schnell zu regeln. Bemerkenswerterweise sah sie der Angestellte, der ihr ihren Pass zustellte, eine Weile an und sagte dann: „Beten Sie für uns, O'Sett“, und sie versprach, es zu tun.

Obwohl Heleen später herausfand, wer hinter den Anschuldigungen gegen ihre Person stand und ihr all diese Schwierigkeiten gemacht hatte, vergab sie diesem Menschen völlig. Sie hatte gelernt, es ihrem Meister gleichzutun und alles dem zu überlassen, der gerecht richtet.

# Kapitel 12

## Die Tage vergehen

Nach den gerade genannten Ereignissen wurde Heleen immer überzeugter, dass Tema der Ort war, an den sie gehörte, und auch der Ort, an dem sie ihr Lebensende verbringen wollte. Sie besuchte Holland, war aber immer bestrebt, schnell wieder nach Tema zurückzukehren. In Tema spürte sie eine besondere Verbundenheit mit den Geschwistern, den Lehrerinnen und den „Blümchen".

„Die Blümchen" waren junge Mädchen, die aus besonderen Umständen kamen, die sie daran hinderten, eine ordentliche Ausbildung zu bekommen. Heleen arrangierte für sie die Möglichkeit, in der Schule zu wohnen und zu arbeiten, so dass sie ihren Familien helfen konnten. Sie bekamen dort eine gute Ausbildung, medizinische Versorgung und seelsorgerliche Betreuung. Viele von ihnen verließen die Schule erst, um zu heiraten. Heleen kümmerte sich auch

*Ein „Blümchen" heiratet*

dann noch um sie und bezahlte die Kosten ihrer Hochzeiten!

## Zu seiner Zeit

Heleen kehrte 1976 nach einem Besuch in Holland zur üblichen Zeit vor Beginn des neuen Schuljahres zurück. Sie wurde von Bruder Shawky, dem Geschäftsführer der Schule, und der Schulleiterin, Schwester Mofeeda Yassa, empfangen, die diesen Dienst seit 1968 versah. Bruder Shawky informierte Heleen darüber, dass die Eigentümer des Nachbargebäudes ihren Besitz an einen Supermarkt verpachtet hatten. Das bedeutete, dass große Lkws ihre Waren durch die schmale Straße anliefern würden, nahe der Stelle, an der die Schüler in das Schulgebäude hineingingen und es verließen. Somit wären sie in Zukunft gefährlichem Verkehr ausgesetzt.

Heleen ging zur Polizeidienststelle und sprach mit dem zuständigen Beamten. Sie erklärte ihm die Situation und betonte ihre Besorgnis um die Sicherheit der Schüler. Der Beamte zeigte Verständnis und überraschte sie mit den Worten: „Sie kommen genau im richtigen Moment.“ Alle Maßnahmen für die Verpachtung an den Supermarkt waren schon eingeleitet worden und es fehlte nur noch eine einzige Unterschrift, um die Abmachung zu besiegeln. Heleen wusste, dass Gott immer zur passenden Zeit eingriff, selbst wenn es im letztmöglichen Moment war!

Der Beamte bat Heleen, ein anderes Grundstück für den Supermarkt zu finden, dann würde er sich um den Rest kümmern. Und tatsächlich war sie mithilfe einer stadtbekannten Persönlichkeit in der Lage, eine geeignete Alternative für den Laden zu finden, wo er dann auch einzog. Letztlich bekam sie sogar die Gelegenheit, das Nachbargebäude selbst zu mieten und die Arbeit von Bethel auszuweiten. Die Anzahl der Treffen hatte so zugenommen, dass sie nicht mehr in der Lage waren, alle im „Haus des Lichts“ durchzuführen. So wurde das „Haus des Friedens“ in das Werk eingegliedert und nach fünf Jahren Pacht wurde das Gebäude vollständig erworben.

## Dort will ich begraben werden

Es waren nun 43 Jahre vergangen, seitdem Heleen nach Ägypten gekommen war. Die Zeit, die sie in Ägypten verbracht hatte, war damit beinahe doppelt so lang wie die Zeit, die sie in Holland gelebt hatte. Sie hatte keine direkten Familienangehörigen mehr in den Niederlanden. All ihre Lieben befanden sich in Tema und in Ägypten. Daher entschloss sich Heleen im Jahr 1980, eine Grabstelle in Tema zu kaufen, und seitdem ist es ihr erklärter Wille, dort begraben zu werden. Dieser Wille ist auch in der niederländischen Botschaft schriftlich festgehalten worden. Als die Menschen, die ihr nahestehen, von ihrer Entscheidung hörten, begannen sie dafür zu beten, dass dieses Grab als beständiges Zeugnis leer bleibe, bis der Herr wiederkommt und alle Heiligen, eingeschlossen Heleen, zu sich in die Herrlichkeit entrückt.

Das letzte Mal besuchte Heleen die Niederlande im Jahr 1997. Dort verkaufte sie das Haus der Familie, das sie geerbt hatte. Sie konnte es nicht gebrauchen und es war nützlicher, den Gewinn für das Werk des Herrn zu nutzen. Sie kehrte nach Tema zurück und entschied, Ägypten nicht mehr zu verlassen, auch angesichts der Tatsache, dass sie nun schon 85 Jahre alt war.

## Helfer und Hilfen

Um ihren Dienst zu erfüllen, hatte der Herr Heleen mit vielen Helfern und Hilfen beschenkt, sowohl aus Ägypten als auch aus dem Ausland. Er kennt die Bedürfnisse seiner Diener und versorgt sie. Zugleich ist Er gnädig und umgibt seine Diener mit Gerechten (Ps 142,8).

Viele der Besuche von Brüdern aus dem Ausland kamen genau zur richtigen Zeit, wie der Besuch von Bruder P. de Jager und seiner Frau im Jahr 1981. Heleen betrachtete diesen Besuch als besonders wertvoll, da sie von ihrem Gast viele weise Gedanken und

Ratschläge erhielt. Außerdem trug dieser Besuch in großem Maß dazu bei, das Bild zu korrigieren, das die Geschwister in Europa von ihrem Dienst in Ägypten hatten.

Heleen und ihr Dienst in Ägypten wurden gesegnet, weil einige der Diener des Herrn und solche, die eine führende Rolle unter den „Brüdern" in Ägypten einnahmen, Interesse daran zeigten. Darunter waren die Brüder Matta Behnam, Nashed Hanna und Fahmy Khalil – natürlich neben der großen Rolle, die auch die ortsansässigen Geschwister in Tema spielten. Sie alle, ob gemeinsam oder als Einzelne, unterstützten sie moralisch und im Gebet. Einige Personen waren eine besondere Unterstützung für Heleen und die Schule, wie zum Beispiel die Brüder Fawzy El Arakany, Fenley Matta und Labib Hanna. Es fehlt die Zeit und wohl keiner wäre dazu in der Lage, an dieser Stelle alle betreffenden Namen zu nennen. Doch worin wir versagen oder vergesslich sind – der Herr wird die Arbeit und Liebe dieser Geschwister nicht vergessen und sie an einem bald kommenden Tag auch dafür belohnen.

Der Herr fügte es auch, dass Schwester Fayza über 40 Jahre lang eine große Hilfe für Heleen war und bis auf den heutigen Tag noch ist. Sie begleitete sie, half ihr und kümmerte sich um all ihre Angelegenheiten, besonders in den letzten Jahren ihres hohen Alters und den verschiedenen damit verbundenen Bedürfnissen.

Bruder Shawky Ageeb spielte 30 Jahre lang eine wichtige Rolle bezüglich der Verwaltung der Schule, bis er am 9. April 1989 heimgerufen wurde. Auf ihn folgte Bruder Fayez Fahkry, der schon vorher im Bethel-Dienst mitgearbeitet hatte und die Verwaltung der Schule bis 2008 übernahm. Er spielt auch heute noch eine große Rolle in diesem Dienst. Danach übernahm Bruder Abd El Sheheed die Verwaltung der Schule, dem sie bis heute obliegt.

Was die Schulleiter angeht, kamen nach den Schwestern Isis und Mofeeda Bruder Fatt-hee Youssof im Jahr 1985, dann Bruder Ayyoub Fahim 1990, danach Mahroos Gaber 2003. Seit 2010 ist Samir Azeez Leiter der Schule.

Jeder, der an und in dieser Schule mitgearbeitet hat, hat ihr im Laufe dieser 75 Jahre auch seinen Stempel aufgedrückt. Alle nahmen ihre Arbeit sehr ernst – jeder in seinem Bereich, entsprechend der jeweiligen Kraft, Fähigkeit, Weisheit und des Könnens. Aus diesem Grund ging es mit der Schule Tag für Tag vorwärts und aufwärts. Die Schule war dafür bekannt, in allen Bereichen hervorragend und erfolgreich zu sein, und erhielt dafür auch mehrfach Anerkennung, indem sie jahrelang den ersten Platz in der Rangordnung der Schulen in der Provinz einnahm. Daneben hat sie zahlreiche Auszeichnungen in verschiedenen Bereichen bekommen und für gewöhnlich lag die Erfolgsrate der Schule bei 100 Prozent. Aber das Wichtigste ist, dass sie zum Mittel wurde, durch das im

Laufe der Jahre viele den Herrn als ihren persönlichen Heiland kennenlernten.

## Die Anklagen des Feindes

Der Feind aller Gerechtigkeit kann natürlich nicht zusehen, wie ein solches Werk blüht und den Herrn verherrlicht. Deshalb wurde er auch nicht müde, den Dienst von Heleen und die Schule anzuklagen. Manchmal verursachte er Probleme und versuchte, Zwietracht unter den Geschwistern zu säen. Andere Male war er wie ein brüllender Löwe, der etwas zu verschlingen suchte. Immer mussten die Arbeiter nüchtern und wachsam sein, denn „seine Gedanken sind uns nicht unbekannt" (1. Petr 5,8; 2. Kor 2,11).

Heleen hatte die Gewohnheit entwickelt, zu besonderen Anlässen eine jährliche Unterstützung an eine Gruppe Frauen aus bedürftigen Familien zu verteilen. Aus irgendeinem unbekannten Grund hatte sich diese Nachricht 2002 plötzlich weit verbreitet. Tausende Frauen drängten sich an diesem Tag vor der Schule, um diese Gabe zu erhalten, was zur Folge hatte, dass sie aufeinander herumtrampelten. Das tragische Ergebnis war, dass fünf Frauen zu Tode kamen. Dieses Erlebnis war äußerst schmerzhaft für Heleen. Sie war nach Ägypten gekommen, um den Menschen dort zu einem besseren Leben zu verhelfen, und nicht, um ein Grund dafür zu werden, dass

Menschen ihr Leben verloren. Außerdem war die Sache auch gefährlich in der Hinsicht, dass dieses Unglück in der Stadt hätte falsch aufgefasst werden und der Teufel es hätte nutzen können, um die Schule anzuklagen, besonders in der politisch unruhigen Zeit seit 2002!

Die Tragödie war ein neuer Anlass, die Herzen in ernstem Gebet vor Gott auszuschütten, aber auch eine Möglichkeit für den Herrn, einzugreifen und allen Beteiligten die nötige Weisheit zu schenken, zurückhaltend zu sein und die Liebe überströmen zu lassen, was dann auch viele Jahre lang anhielt.

*Die sogenannten „Blümchen"*

# Kapitel 13

## Noch im Greisenalter gedeihen sie

Heleen erreichte das 95. Lebensjahr und besaß noch immer ihre Lebenskraft, ihren klaren Kopf, ihr lebendiges Gedächtnis und ihren temperamentvollen Geist. Obwohl ihre Augen schlechter wurden, blieb ihr inneres Urteilsvermögen doch geschärft. Durch ihre Anwesenheit in der Schule hatte sie immer noch großen Einfluss auf ihre Lehrer und Schüler. Mit dem für sie so charakteristischen Lächeln gab sie ihnen Ratschläge und Ermutigung. Sie besuchte noch immer die Morgentreffen der Lehrer und die morgendliche Vollversammlung der Kinder. Aber es fiel ihr immer schwerer, ihre Runde durch die Schule zu machen. Ihre verminderte Sehfähigkeit machte ihr die Bewegung abends schwer und sie konnte nicht mehr jeden Abend die Versammlungsstunden besuchen, wie sie es fast siebzig Jahre lang getan hatte. Das schmerzte sie sehr, aber durch ihre persönliche Gemeinschaft mit dem Herrn kam sie darüber hinweg.

Im September 2008 traf sie sich im Alter von 96 Jahren mit einigen verantwortlichen Brüdern. Sie informierte sie über den Bedarf für ein neues Gebäude, um die immer noch steigende Zahl an Schülern unterbringen zu können. Außerdem würde es einen neuen

Horizont für weitere Schulveranstaltungen öffnen. Die Brüder stimmten zu und gemeinsam besiegelten sie die Entscheidung. Das war die letzte Verwaltungsangelegenheit, an der Heleen sich beteiligte.

## Eine Nacht voller Schmerzen

Am 12. Dezember 2008 fiel Heleen auf ihre linke Seite. Sie hatte heftige Schmerzen und konnte nicht ohne die Hilfe von Schwester Fayza aufstehen. Ein Arzt, der nah bei der Schule wohnte, wurde gerufen. Nachdem er sie untersucht hatte, sagte er, ihr Oberschenkel müsse geröntgt werden. Das Röntgenbild zeigte, dass ihr rechter Oberschenkelknochen gebrochen war. Der Arzt ordnete an, dass sie zur Operation in ein spezialisiertes Krankenhaus in Asyut überführt werden müsse. Nachdem sie einige Schmerztabletten genommen hatte, ging sie jedoch vorläufig für den Rest der Nacht zurück auf ihr Zimmer. Nachdem allerdings die Wirkung der Schmerztabletten nachgelassen hatte, war an Schlaf nicht mehr zu denken.

Am nächsten Morgen war Bruder Esam Ezzat, ebenfalls Arzt und einer der Verantwortlichen für den Dienst in Bethel, in der Lage, ein gut ausgestattetes spezialisiertes Krankenhaus zu finden, das die entsprechenden Möglichkeiten hatte, um weitere Untersuchungen durchzuführen und ihr die nötige Pflege zukommen zu lassen. Es handelte sich um das

„Polizei-Krankenhaus", das für Zivilisten eigentlich nicht zugänglich war. Der Herr machte es jedoch möglich, eine spezielle Erlaubnis zu bekommen, um Heleen in diesem Krankenhaus behandeln zu lassen.

Sie wurde mit dem Krankenwagen ins 50 Kilometer entfernte Asyut überführt. Nach weiteren Untersuchungen und Röntgenbestrahlungen wurde entschieden, einen chirurgischen Eingriff durchzuführen und den Oberschenkelknochen mit drei Platinschrauben zu stabilisieren. Die Operation dauerte eineinhalb Stunden. In der Zeit, in der die Chirurgen mit ihren Händen den Eingriff vornahmen, lagen viele Gläubige auf ihren Knien, um für „El Sett" einzutreten. Der Herr erhörte diese Gebete, so dass die OP erfolgreich verlief, ungeachtet der Bedenken der Ärzte aufgrund ihres hohen Alters.

Einige Tage später kehrte Heleen nach Tema zurück und wurde herzlich und liebevoll von allen willkommen geheißen, angefangen bei den kleinen Kindern der Schule, die treuherzig und spontan ihre Freude äußerten, über die Lehrer der Schule bis hin zu den Geschwistern aus Tema. Heleen hatte jahrelang Liebe ausgestreut, und nun war es nicht verwunderlich, dass sie aus vielen Herzen Liebe zurückbekam.

Es fiel ihr jedoch schwer, sich zu bewegen, und so war sie auf Hilfe angewiesen. Der Knochen heilte, aber seitdem hat sie einige gesundheitliche Beschwerden. Sie wird allmählich schwächer und doch ist sie noch immer eine Quelle des Segens. Allein ihre

Anwesenheit dort ist ein Zeugnis für das Werk Gottes in einem Gefäß zur Ehre, dem Hausherrn nützlich (2. Tim 2,21). Ihre Erinnerung und Konzentration werden schwächer, aber die Treue, die Gott ihr erwiesen hat, vergisst sie nicht. Wenn man beginnt, einen Bibelvers zu zitieren, wird sie ihn mit dir gemeinsam beenden. Ihre Äußerungen sind immer noch von geistlichem Verständnis gekennzeichnet und zeigen, wie sehr sie am Herrn festhält. Auf ihrem Weg blieb sie immer dicht hinter dem Herrn, und sie vergisst auch die nicht, die dort mit ihr gearbeitet haben, und erinnert sich im Gebet an jeden Einzelnen.

*Heleen nach dem Sturz*

## Bevor ich zum Ende komme

Um die Geschichte abzuschließen, möchte ich hier einige Teile meines ersten Interviews mit Heleen wiedergeben.

Ich fragte sie: „Du hast dein ganzes Leben im Dienst für den Herrn verbracht und viele deiner natürlichen Vorrechte, wie beispielsweise eine Familie zu haben, aufgegeben. Bereust du das?" Sie antwortete: „Niemals! Es war nicht der Wille des Herrn für mich, eine gewöhnliche Familie zu haben, aber der Herr hat mich dadurch entschädigt, dass Er mir stattdessen viele Kinder gab. Es tut mir um nichts leid, was ich dem Herrn geopfert habe."

Ich fragte sie, was sie sich für die Schule wünsche, für den Fall, dass der Herr noch nicht bald komme. Sie antwortete: „Dass die Schule nicht aufhört, ein Zeugnis für den Herrn zu sein, dass die Jungen und Mädchen den Herrn Jesus durch die Schule kennenlernen und dass das Werk weiter fortbesteht."

Als ich sie fragte, was sie an den Ägyptern besonders schätze, sagte sie: „Ihre wahre, von Herzen kommende Liebe und ihre offenen Häuser. Das ist ein Grund, warum ich Ägypten und die Geschwister in Ägypten so sehr liebe." Und auf die Frage, was sie an den Ägyptern *nicht* so sehr möge, antwortete sie: „Das Um-den-heißen-Brei-Herumreden. Ich habe es immer vorgezogen, direkt zu sein und auf den Punkt zu kommen."

Am Ende bat ich sie, den Geschwistern in Ägypten doch eine Nachricht mitzugeben. Sie sagte: „Bleibt nah beim Herrn, seht immer auf Ihn. Vergesst nicht, Zeugnis für den Herrn abzulegen, und lebt, was ihr predigt."

## 2012

Nun befinden wir uns im Jahr 2012 und Heleen Voorhoeve ist 100 Jahre alt! An einem Tag vor 100 Jahren war sie dieses kleine Kind, von dem gesagt worden war, dass es wohl nicht besonders lang leben würde, und nun hat sie ein gesamtes Jahrhundert überlebt!

*Heleen in hohem Alter*

Was wir daraus lernen können, ist nicht, dass „Miss Heleen Voorhoeve" oder „El Sett" 100 Jahre alt geworden ist, wie es auch andere werden, deren Leben keine Frucht gebracht hat, sondern: Das Leben wird nicht anhand seiner Länge bemessen! Es ist wohl wahr, dass sie die christliche Missionarin ist, die am längsten in ihrem Missionsgebiet gelebt hat. Aber das Leben wird mehr an seiner Tiefe und Weite gemessen.

Wenn wir an die Weite ihres Lebens denken, dann sehen wir die Liebe ihres großzügigen Meisters, von der sie so erfüllt war, dass diese Liebe aus ihr heraussprudelte und die Menschen um sie herum überflutete. Sie berührte Menschen, mit denen sie keinerlei Beziehung hatte, und erreichte insgesamt so viele, dass man sie nicht zählen kann. Man kann diese Menschen an vielen Orten und über viele Generationen hinweg treffen. Es kann sein, dass man heute ein Kind in ihrer Schule trifft, um dessen Vater und Großvater sie sich gekümmert hat und manchmal sogar schon um die Urgroßmutter.

Wenn wir an die Tiefe ihres Lebens denken, erkennen wir, dass sie es dem Einen geweiht hat, der würdig ist, mit dem sie tiefe Gemeinschaft hatte und von dem sie völlig abhängig war. Sie hat ihr Leben nicht verschwendet, sondern Frucht gebracht. Sie war wie ein „Weizenkorn", das sich selbst in den Tod gegeben hat. Sie verweigerte sich selbst die Vorrechte eines Zuhauses, einer Familie, eines bequemen Lebens, des einfachen Weges und verdienter Ehre. Das Ergebnis war, dass sie viel Frucht brachte. Wir werden das genaue Ausmaß dieser Frucht erst an jenem himmlischen Tag der Ehre und Herrlichkeit sehen, an dem sie aus dem Mund des Meisters die Worte „Wohl getan!" hören wird. Wir sind überzeugt, dass dieser Tag bald kommen wird!

## Können wir aus so einem Leben etwas lernen?

Ich bezweifle, dass ich 100 Jahre alt werde, und ich wünsche es mir auch gar nicht. Aber das liegt in der Hand des Herrn. Doch mein Gebet ist es, ein Leben in seiner wahren Tiefe zu führen und den Willen des Herrn zu erfüllen. Ich bete, ein Leben mit ausreichender Tiefe zu führen, um vielen zum Segen zu sein. Und was ich mir für mich wünsche, das wünsche ich auch meinen lieben Lesern.

## Zusammenfassung von Heleens Leben

- Sie wurde am 11. April 1912 in Den Haag in den Niederlanden geboren.
- Ihr Vater war Johannes Voorhoeve, auch ein Diener des Herrn, ihre Mutter war Elizabeth van Oordt.
- Ihr Großvater väterlicherseits war Cornelis Voorhoeve, auch ein Diener des Herrn und einer aus der ersten Generation der „Brüder" in Holland.
- Sie war das sechste von acht Kindern (fünf Jungen, drei Mädchen).
- An ihrem 12. Geburtstag übergab sie ihr Leben dem Herrn.
- Im Alter von 15 Jahren begann sie, dem Herrn in der Sonntagsschularbeit zu dienen.
- Sie war eine „Mitbegründerin" der Mädchenlager in Holland im Jahr 1929.
- Im Alter von 17 Jahren spürte sie den Ruf des Herrn nach Ägypten, um Ihm dort als Missionarin zu dienen. Ihr Vater stimmte unter der Bedingung zu, dass sie bis zum Alter von 25 warten würde.

- Sie besuchte für zwei Jahre eine Lehrerinnenschule, danach arbeitete sie für ein Jahr in der christlichen Schule in Den Haag.
- Sie arbeitete außerdem für ein Jahr in einem Waisenhaus in Deutschland. Anschließend machte sie eine medizinische Ausbildung für Missionare und eine weitere in der Schweiz.
- In Ägypten kam sie zum ersten Mal am 22. September 1937 in Alexandria an, von wo aus sie nach Kairo reiste.
- In Kairo blieb sie für zwei Jahre, um Arabisch zu lernen.
- Sie ging 1939 nach Tema, um Miss Nutter bei der Verwaltung der Schule zu helfen. Dort blieb sie bis 1940.
- Für ein Jahr kehrte sie nach Kairo zurück. Anschließend ging sie jedoch im Jahr 1941 wieder nach Tema, wo sie bis heute lebt. Sie diente dem Herrn dort in der Schule, durch Besuche in den Häusern in Tema und den umliegenden Dörfern und kümmerte sich um die Bedürfnisse der Menschen dort.
- 1940 rief sie die „Tabitha-Treffen" ins Leben, um bedürftigen Frauen zu helfen.
- 1946 kaufte sie ein Stück Land, um dort ein neues Gebäude zu errichten. Ihre Mutter legte im Jahr 1951 den Grundstein und eröffnete die Schule am 5. Februar 1954, die den Namen „Bethel" bekam.

- Sie wurde mit dem Ritterkreuz der Königin von Holland ausgezeichnet.
- 1958 gründete sie das „Haus des Lichts", wo die „Tabitha-Treffen" sowie Treffen für Schüler anderer Schulen stattfanden.
- 1959 wurde der Name der Schule in „Schule des Lichts" geändert. Ein ägyptischer Geschäftsführer und eine ägyptische Schulleiterin wurden benannt.
- 1970 wurde Heleen fast des Landes verwiesen, aber der Herr ließ nicht zu, dass dies geschah, und so konnte sie nach Tema zurückkehren, um ihren Dienst dort fortzusetzen.
- 1980 kaufte sie sich eine Grabstelle, wo sie ihrem schriftlichen Willen zufolge begraben werden möchte.
- Ihr letzter Besuch in Holland fand 1997 statt. Anschließend entschied sie sich, Ägypten nie wieder zu verlassen.
- Am 12. Dezember 2008 stürzte sie und brach sich einen Oberschenkelknochen. Sie musste sich einer Operation unterziehen. Danach verschlechterte sich ihr Gesundheitszustand, aber noch immer darf sie ihre geistige Frische genießen und liebt den Herrn und die Seinen.

# Anhang

## Kurzbiografie Hermanus Cornelis Voorhoeve, Großvater von Heelen Voorhoeve[8]

*Hermanus Cornelis Voorhoeve*

Hermanus Cornelis Voorhoeve, der am 9. Februar 1837 in Rotterdam geboren wurde, entstammte einer angesehenen Patrizierfamilie. Sein Vater war Teilhaber an einem Finanz- und Bankgeschäft. Hermanus Cornelis Voorhoeve war das älteste von sieben Kindern. Zwei seiner Geschwister heirateten später Kinder von Carl Brockhaus, Elberfeld: Seine Schwester Lena (1850–1901) wurde 1873 die Frau von Ernst Brockhaus (1848–1915), und sein Bruder Dr. Nicolaas Anthony Johannes (1854–1922), heiratete 1881 Emilie Brockhaus.

---

8 Entnommen aus „Gedenket eurer Führer" von A. Remmers, leicht gekürzt und überarbeitet.

Die Familie Voorhoeve lebte in der Zeit der niederländischen Erweckungsbewegung und so wurden die Kinder in der Zucht und Ermahnung des Herrn erzogen. Schon in jungen Jahren sprach Hermanus Cornelis Voorhoeve oft mit seinem Vater über das Wort Gottes und über göttliche Dinge. Daher reifte in dem Vater der Wunsch, seinen Sohn Theologie studieren zu lassen. Aber nach Abschluss des Gymnasiums zeigte sich, dass H. C. Voorhoeve trotz großer Begabung kein Interesse an diesem Beruf hatte, denn er fühlte, dass ihm die wichtigste Voraussetzung für den Predigtdienst fehlte: das neue Leben in Christus. So begann er, in dem Bankgeschäft seines Vaters zu arbeiten.

Kurze Zeit später, mit 19 Jahren, kam er jedoch zum Glauben und nahm Jesus als seinen Heiland und Herrn an. Er verließ das väterliche Geschäft. Was sollte er jetzt beginnen? Da kamen ihm verschiedene aus dem Englischen und Französischen übersetzte Schriften von John Nelson Darby in die Hand, die er begierig las und mit der Heiligen Schrift verglich. Er gelangte zu der Überzeugung, dass die wahren Gläubigen sich von den bestehenden Kirchen und Gemeinschaften trennen müssen, um aufgrund der biblischen Lehre von der Einheit des Leibes Christi (1. Kor 12,13; Eph 4,4) das Mahl des Herrn nur mit solchen zu feiern, die bekennen, wiedergeborene Christen zu sein. Er verstand auch, dass zum Dienst des Wortes die Heilige Schrift und die von dem verherrlichten Herrn seiner Versammlung (Ekklesia) geschenkten Gaben ausreichen und kirchliche Ämter und Ordinationen nicht erforderlich sind. H. C. Voorhoeve fällte die für ihn einzig mögliche Entscheidung: Er schloss sich einer Gruppe von Brüdern an, die gerade in Rotterdam angefangen hatten, sich dem Wort Gottes gemäß zu versammeln. Gemeinsam untersuchten sie nun die Heilige Schrift und die Schriften der Brüder aus dem Ausland, vor allem aus England. Sie lernten mehr und mehr verstehen, was das Werk Christi für den Gläubigen bedeutet, welch ein Unterschied zwischen der Stellung, den Segnungen und der Hoffnung Israels und der Versammlung Gottes besteht, dass die Erwartung der Gläubigen das Kommen des Herrn vor der großen Drangsal ist, usw. Außerdem wurde in diesen Brüdern der Wunsch wach, den verlorenen Menschen in ihrem Umfeld das Evangelium zu bringen. So begann der gerade 20-jährige H. C. Voorhoeve, in den Gassen und Hinterhöfen der Stadt Rotterdam die frohe Botschaft zu verkündigen. Für seinen Vater, der seinem ältesten Sohn eine andere Karriere gewünscht hatte, war dies ein großer Kummer, der noch dadurch verstärkt wurde, dass auch seine Gattin sich der kleinen Versammlung in Rotterdam anschloss und ihrem begabten Sohn auf seinem Weg und in seinem Dienst eine große Stütze war.

Bereits im Jahre 1858 begann Hermanus Cornelis Voorhoeve als 20-Jähriger mit der Herausgabe der

Monatsschrift „Bode van het heil in Christus" (Bote des Heils in Christus). Die ersten Jahrgänge enthielten hauptsächlich aus dem Englischen, Französischen und Deutschen übersetzte Artikel, aber es erschienen auch schon solche aus der Feder von H. C. Voorhoeve.

Im gleichen Jahr reiste er erstmals nach Elberfeld, um dort Carl Brockhaus und die übrigen Brüder kennenzulernen. Dort wurde er ermuntert, weiter nach Schlesien zu reisen, wo er geöffnete Türen für das Evangelium fand. Viele Menschen kamen zum Glauben und es entstand eine Reihe von Versammlungen. In den nun folgenden Jahren besuchte er Hunderte von Orten in den Niederlanden, in der Schweiz, in Deutschland, Belgien, Frankreich und England. Überall kamen viele Menschen zum Glauben und fanden Frieden mit Gott.

Inzwischen heiratete Hermanus Cornelis Voorhoeve am 26. November 1863 Sophia Katharina Hermine Linde aus Aschaffenburg, die im Jahr 1861 durch seine Verkündigung zum Glauben gekommen war. Sie war eine Frau, die sich gemeinsam mit ihrem Gatten dem Dienst für den Herrn widmete und ihm durch Ermutigung und Rat sowie durch ihre Krankenbesuche und andere Liebesdienste eine große Hilfe war. Zwölf Kinder gingen aus ihrer Ehe hervor. Der älteste Sohn, Dr. Jacob Voorhoeve (1865–1937), wurde Arzt in Dillenburg, der vierte, Johannes Nicolaas Voorhoeve (1873–1948), trat in den Niederlanden in die Fußstapfen seines Vaters und wurde sein geistlicher Nachfolger.

In Rotterdam hatte Hermanus Cornelis Voorhoeve bereits mit der Herausgabe der Monatsschrift die Grundlage zu seiner Verlagstätigkeit gelegt. Bald erschienen verschiedene Einzelschriften, darunter das auch ins Deutsche übersetzte Buch „Die Wiederkunft unseres Herrn Jesus Christus und die damit in Verbindung stehenden Ereignisse“ (1869). Im Jahr 1871 gab er ein Liederbuch, „Bundel Geestelijke Liederen“, heraus, das in erweiterter und revidierter Fassung bis heute in Gebrauch ist. Viele der Lieder waren von ihm selbst gedichtet, eine Anzahl übersetzte er nach Vorlagen von Carl Brockhaus und Julius Anton von Poseck (im deutschen Liederbuch „Kleine Sammlung geistlicher Lieder“ stammt Nr. 130 „Du hast uns lieb“ von H. C. Voorhoeve). Im Jahr 1876 siedelte er nach Den Haag über, Dunne Bierkade 17 (hinter diesem Haus wurde dann später noch ein Versammlungsraum gebaut). Hier setzte H. C. Voorhoeve seine schriftstellerische und verlegerische Tätigkeit fort. Seine bekanntesten Bücher sind wohl die Betrachtungen über die Briefe des Apostels Paulus. In den Jahren 1869 und 1870 wohnte er mit seiner Familie mehrere Monate in Köln, um gemeinsam mit John Nelson Darby und Carl Brockhaus an der Übersetzung des Alten Testaments zu arbeiten, die im Jahr 1871 zusammen mit dem Neuen Testament als „Elberfelder Übersetzung“ erscheinen sollte.

Im Dezember 1877 gab H. C. Voorhoeve nach zweijähriger Arbeit eine eigene niederländische Übersetzung des Neuen Testamentes heraus, bei der er sich auf einen von J. N. Darby bearbeiteten und korrigierten griechischen Text stützte.

Auch evangelistisch blieb Hermanus Cornelis Voorhoeve weiter tätig. Er brachte eine Kinderzeitschrift und Bücher für Kinder heraus, außerdem ein vierzehntäglich erscheinendes Evangeliumsblatt, „De Blijde Boodschap" (Die frohe Botschaft), und schrieb nebenher eine große Anzahl Evangeliumstraktate. Sein illustriertes Wochenblatt „Timotheus", das ab 1895 erschien, war vor allem für die Familien und die jüngeren Gläubigen bestimmt. Außerdem setzte dieser rastlos tätige Diener des Herrn sich auch besonders für die in den Niederlanden charakteristischen, zahlreichen christlichen Schulen ein.

Im Sommer 1901 ging seine schon länger kränkelnde Gattin heim. Einige Tage nach ihrem Begräbnis beschloss Hermanus Cornelis Voorhoeve, nach Dillenburg zu seinem ältesten Sohn, dem Arzt, zu fahren, um dort seinem sehr geschwächten Körper Ruhe und Erholung zu gönnen. Aber nach anfänglicher Besserung verschlechterte sich dort sein Zustand zusehends, so dass seine Angehörigen an sein Krankenlager gerufen wurden.

Am 21. August 1901, drei Wochen nach seiner Gattin, entschlief er.

## Kurzbiografie Johannes Nicolaas Voorhoeve, Vater von Heleen Voorhoeve[9]

Johannes Nicolaas Voorhoeve wurde am 25. August 1873 in Rotterdam geboren. Er war das fünfte Kind und der vierte Sohn von Hermanus Cornelis Voorhoeve und seiner Frau Sophia Katharina Hermine, geb. Linde.

*Johannes Nicolaas Voorhoeve*

Nachdem seine Familie 1876 nach Den Haag gezogen war, verbrachte er dort seine Kindheit, und nach dem Abschluss des Gymnasiums arbeitete er in dem Verlag seines Vaters mit, den dieser in Den Haag gegründet hatte.

Nach dem Tod seines Vaters im Jahr 1901 übernahm er im Alter von 28 Jahren als dessen Nachfolger die Leitung des Verlags, der fortan seinen eigenen Namen trug.

An seinem 29. Geburtstag (25.8.1902) heiratete er seine Cousine Elizabeth van Oordt, mit der er im Laufe der Jahre acht Kinder bekam, drei Söhne und fünf Töchter, von denen eine Heleen Voorhoeve war.

9 Zusammengestellt vom Übersetzer.

Die Übernahme der Verlagsgeschäfte beinhaltete auch die Redaktion der Zeitschriften, die sein Vater schon herausgegeben hatte: „Bode van het heil in Christus“ (Bote des Heils in Christus), die es seit 1858 gab, und „Geillustreerd Weekblad Timotheüs“. Damit setzte Johannes die Arbeit seines Vaters fort. Einige seiner Veröffentlichungen wurden als separate Broschüren herausgegeben. Dazu gehören die Betrachtungen über die Klagelieder, den Propheten Jona und den 2. Timotheusbrief. Das Buch über Jona wurde auch ins Deutsche übersetzt.

1917 erschien die von ihm und seinem Onkel erstellte neue Edition der Voorhoeve-Übersetzung des Neuen Testaments, wovon 1931 die dritte Edition erschien, wieder auf Grundlage einer Revision durch Johannes Voorhoeve. Diese Übersetzung, deren erste Ausgabe 1877 noch von seinem Vater herausgegeben worden war, fand eine weite Verbreitung in den niederländischsprachigen Versammlungen. Zu einer Übersetzung des Alten Testaments ist es leider nicht mehr gekommen.

Bekanntheit erlangte er jedoch nicht nur durch seine Tätigkeit als Herausgeber, sondern auch durch seine viel geschätzten Predigten an den Sonntagen und seine biblischen Vorträge im In- und Ausland. Unter den „Brüdern“ in den Niederlanden nahm Johannes eine führende Rolle ein und er wurde als geistliche Autorität anerkannt. Er war ein friedliebender Bruder, dem das geistliche Wohl der Gläubigen sehr am Herzen lag. Er hatte Kontakt zu vielen Brüdern im europäischen Ausland und darüber hinaus. 1939 führte ihn sein Weg für einige Zeit sogar in die Vereinigten Staaten.

Johannes Nicolaas Voorhoeve ging am 29. Dezember 1948 nach einem Schlaganfall in Noordwijk aan Zee heim.

# Weitere Bilder aus Heleens Leben

*Mit ihrem Neffen Boris*

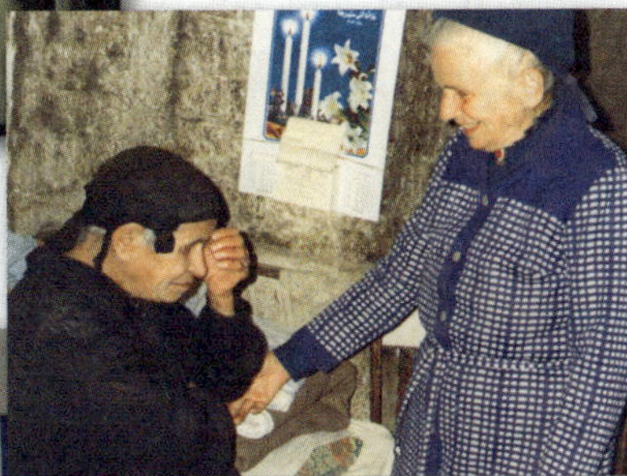

*Zu Besuch einer kranken Frau*

*Geburtstagsansprache*

*90. Geburtstagsfeier*

*„Tabitha-Frauen"*

# Besucher verschiedener Länder in Tema

# Heleen zusammen mit ägyptischen Geschwistern bei verschiedenen Anlässen

# In der neuen Schule

# Notizen